D1677600

30 Jahre Deutsche Einheit - ein Beitrag von Wissenschaftlern und Absolventen der TU Ilmenau in Politik und Verwaltung beim Aufbau der neuen Länder

Wir danken der Gemeinnützigen Hertie-Stiftung, Frankfurt/M., für die großzügige Förderung dieses Projektes.

Herausgeber: Universitätsgesellschaft Ilmenau -
Freunde, Förderer, Alumni e.V.

Ilmenau, im Herbst 2020

Layout: Romy Kraft
Redaktion: Margaret Heckel
ISBN 978-3-943433-04-3

Alle Rechte vorbehalten
Fotocredits: alle privat

30 Jahre Deutsche Einheit – ein Beitrag von Wissenschaftlern und Absolventen der TU Ilmenau in Politik und Verwaltung beim Aufbau der neuen Länder

Autorenverzeichnis

Dr. Lutz Biste
Erika Caesar
Wolfgang Dütthorn
Dr.-Ing. Michael Ermrich
Christian Gumprecht
Stephan Hloucal
Dr. Konrad Haueisen
Prof. Dr. Benno Kaufhold
Thomas Kretschmer
Dr. Michael Kummer
Ursula Nirsberger
Johannes Nitsch
Michael Pabst
Dr. oec. habil. Joachim Pampel
Dr.-Ing. Uta Rensch
Manfred Ruge
Prof. Dr.-Ing. Dagmar Schipanski
Tigran Schipanski
Prof. Dr. Christoph Schnittler
Dr.-Ing. Gerd Schuchardt
Jörg Schwäblein

Inhaltsverzeichnis

Der Bericht könnte vernichtender kaum sein – und sein Fazit ist überaus ernüchternd: Die Zahlungsfähigkeit der DDR stehe unmittelbar bevor. Ein „Stoppen der Verschuldung würde im Jahre 1990 eine Senkung des Lebensstandards um 25-30 % erfordern und die DDR unregierbar machen".

Was das Politbüro des Zentralkomitees der SED am 30. Oktober 1989 als streng limitiere und nummerierte „Geheime Verschlusssache" zu lesen bekam, hatte es in sich: Auf 24 Blatt listeten der damalige Planungschef Gerhard Schürer und seine Mitautoren den überaus desolaten Zustand der DDR auf. „Stark verschlissen" seien die Ausrüstungen in vielen Bereichen der Volkswirtschaft, auch der „Verschleißgrad des Autobahn- und Straßennetzes ist hoch".

Zwar seien auf „einer Reihe von Gebieten modernste und hocheffektive Ausrüstungen vorhanden", doch der Großteil der Industrie sei weitgehend Schrott. In der „Land-, Forst und Nahrungswirtschaft" wird der Verschleißgrad auf 61,3 % taxiert, im Verkehrswesen auf 52,1 %, im Bauwesen auf 67 % und in der Industrie auf 53,8 Prozent.

Kein Wunder, dass es auch mit „im internationalen Vergleich der Arbeitsproduktivität" nicht zum besten steht: Hier liege die „DDR gegenwärtig um 40 % hinter der BRD zurück". Die Folgen für die Bevölkerung seien gravierend: In „Städten wie Leipzig, und besonders in Mittelstädten wie Görlitz u.a. gibt es tausende von Wohnungen, die nicht mehr bewohnbar sind".

Vor allem aber sei „die Verschuldung im nichtsozialistischen Wirtschaftsgebiet (...) seit dem VIII. Parteitag gegenwärtig auf eine Höhe gestiegen, die die Zahlungsfähigkeit der DDR in Frage stellt." Erforderlich sei eine „grundsätzliche Änderung der Wirtschaftspolitik der DDR verbunden mit einer Wirtschaftsreform".

Nur 37 Exemplare dieser später als „Schürer-Bericht" bekannt gewordenen Analyse wurden hergestellt. Jedes Exemplar war nummeriert, am 31.12.1989 sollte es laut Deckblatt vernichtet werden. Ganz offensichtlich wussten die Autoren rund um den Planungschef - neben Schürer Gerhard Beil, Alexander Schalck-Golodkowski, Ernst Höfner und Arne Donda - um die politische Sprengkraft der von ihnen zusammengetragenen 24 Seiten Bestandsanalyse der DDR.

Dennoch ist der Schürer-Bericht auch heute, 30 Jahre später, relativ unbekannt. Wahrscheinlich hat das mit dem Epochenbruch nur wenige Tage später zu tun: Als am 9. November 1989 die Mauer fiel, überlagerte dieses Jahrhundert-Ereignis für viele Wochen und Monate alles andere.

Um aber die enorme Aufbauleistung der folgenden Jahre und Jahrzehnte zu würdigen, sei der Schürer-Bericht ein guter Ausgangspunkt, meint die frühere thüringische Wissenschaftsministerin und Landtagspräsidentin Dagmar Schipanski: „Die wirtschaftliche Situation der DDR, im Schürer-Bericht eindeutig dargelegt, ist weiten Kreisen der Bevölkerung bis heute nicht bekannt. Es wurde eine enorme Aufbauleistung in der Müllentsorgung, der Verkehrsinfrastruktur, dem Städtebau, Denkmalpflege, Schulen, Hochschulen, Krankenhäusern, Sporteinrichtungen, Industriegebieten erbracht, die als selbstverständlich hingenommen wurde. Da aber das persönliche Leben der meisten von Arbeitslosigkeit betroffen war, hat diese Verunsicherung alte Probleme überlagert."

Drei Jahrzehnte nach der Wiedervereinigung gibt es also mehr als einen guten Anlass, sich dieser Aufbauarbeit zu erinnern. In diesem Band soll es dabei um eine ganz besondere Personengruppe gehen - Frauen und Männer, die an der Technischen Hochschule (TH) - später Technische Universität (TU) - Ilmenau studiert haben und als Wissenschaftler/innen und/oder Techniker/innen während der friedlichen Revolution in der DDR in die Politik gegangen sind.[1]

---

[1] Im Folgenden wird allein aus Gründen der besseren Lesbarkeit die männliche Form benutzt. Selbstverständlich sind aber immer sowohl Männer als auch Frauen gemeint.

20 Männer und Frauen sind der Aufforderung von Schipanski gefolgt und haben Auskunft gegeben - über ihre Motive, in die Politik zu gehen, ihre Erfahrungen, Erfolge und auch Niederlagen.

Entstanden ist so ein einzigartiges Kaleidoskop einer Gruppe, die in der deutsch-deutschen Wiedervereinigung ganz besonders war. Niemals davor und niemals danach haben sich derart viele Wissenschaftler und Techniker in die Politik locken lassen und sie geprägt.

Durch ihre wissenschaftliche Ausbildung war diese Gruppe in spezieller Weise darin geschult, Probleme zu analysieren und Lösungen zu finden. Schneller und vielleicht auch klarer als viele andere haben sie erkannt, wie kaputt Umwelt und Wirtschaft nach dem Ende der DDR waren. Was folgte aus dieser Analyse? Mit welchem Demokratieverständnis sind diese Männer und Frauen in die Aufbauarbeit gegangen? Was hat sich davon im politischen Prozess umsetzen lassen? Gehen Wissenschaftler anders an politische Prozesse heran und wenn ja, warum?

Das sind nur einige der Fragen, auf die der vorliegende Band Auskunft geben will. Er ist in zentrale Themenfelder gegliedert und präsentiert wo immer möglich die Originalstimmen der Befragten. Die einzelnen Kapitel können deshalb in beliebiger Reihenfolge gelesen werden.

Begonnen werden muss jedoch mit dem Anfang: Was hat die Befragten veranlasst, sich während der friedlichen Revolution politisch zu engagieren? Grundlegend - aber natürlich auch offensichtlich - war bei allen der Wunsch nach einem Systemwechsel. Fast alle erzählen, wie skeptisch sie anfangs waren, ob sie sich und ihren Familien den Gang in die Politik zumuten sollten.

Nicht wenige jedoch wurden auch durch ihren christlichen Hintergrund und die Aufforderungen der jeweiligen katholischen und evangelischen Bischöfe ihrer Heimatregionen ermuntert - und manchmal sogar regelrecht aufgefordert - sich einzubringen.

In diesem Kapitel geht es neben der biographischen Motivation insbesondere auch um das Demokratieverständnis der Befragten. Etliche haben daran mitgearbeitet, Stasi-Mitarbeiter aus öffentlichen Ämtern zu entfernen. Alle mussten die ihnen anvertrauten Verwaltungen neu aufbauen und demokratische Prozesse installieren und verankern.

Das war für gelernte Ostdeutsche im wahrsten Sinne des Wortes Pionierarbeit - und doch nur ein kleiner Teil der Gesamtaufgabe. Denn was die Menschen am meisten forderten, war eine schnelle Verbesserung von buchstäblich allem. Leben, Wohnen, Arbeiten, Mobilität, Umwelt – alles lag im Argen. Alles musste entweder saniert oder neu aufgebaut werden.

Worauf die befragten Wissenschaftler und Techniker besonders stolz sind, findet sich in Kapitel 2. Angefangen von der Erhaltung der akut durch Abriss bedrohten Erfurter Altstadt über den Bau eines neuen Krankenhauses in Altenburg und die Sanierung der Brockenbahn finden sich hier beachtliche Leistungen, die auch heute noch das Leben der Menschen vor Ort beeinflussen. Zusammengetragen wurde aber auch, was nicht so gut gelungen ist oder heute als enttäuschend empfunden wird. Auch das birgt wichtige Lektionen für eine funktionierende Demokratie.

Zentral um die Frage, was Wissenschaftler und Techniker in der Politik anders machen, geht es in Kapitel 3. Den Antworten der Befragten ist eindeutig zu entnehmen, dass Wissenschaftler und Techniker anders im politischen Umfeld agieren. Ohne eine Ausnahme empfanden alle ihre wissenschaftliche und technische Ausbildung als Vorteil für ihr politisches Handeln. Fast alle jedoch sahen diese Vielzahl an Technikern und Wissenschaftlern in der Politik als einmalige Ausnahmesituation. Welche Empfehlungen sie dennoch haben, mehr Wissenschaftlerinnen und Technikerinnen für politische Ämter zu interessieren, ist ebenfalls Inhalt dieses Kapitels.

Ein viertes Kapitel führt zurück an die TU Ilmenau, die Alma Mater der Befragten. Die TU Ilmenau war die einzige Universität, wo jeder jeden in der Nachwendezeit bewertet hat. Wie kam dieses basisdemokratische Vorgehen zustande, wie konnte es umgesetzt werden und was waren die Folgen?

Abgerundet werden diese Befunde im Anhang mit dem originalen Fragebogen, der diesem Buch zugrunde liegt. Schon in den vorherigen Kapiteln wurden allen Wortmeldungen kurze biografische Texte zum besseren Verständnis vorangestellt. Hier nun werden die vollständigen Lebensläufe in gekürzter Form sowie Auszüge aus den Antworten zum Nachlesen geliefert.

Kapitel 1

Und morgen Demokratie: Warum wir in die Politik gegangen sind und was wir dabei erlebt haben

Auch im Rückblick staunt der frühere Parlamentarische Staatssekretär im Bundesverkehrsministerium Johannes Nitsch: „Ich hätte nie geglaubt, dass man so viel Einfluss haben kann auf das, was in der Politik gemacht wird. Die Einflussmöglichkeiten auf den Meinungsbildungsprozess und das Durchsetzen mit Mehrheiten, da hätte ich früher nicht dran geglaubt. Wenn man die Menschen hinter sich hat, kann man viel erreichen."

Was Nitsch beschreibt, zieht sich durch die Erfahrungen aller in diesem Band Befragten. Manche griffen nach der friedlichen Revolution beherzt zu, als ihnen Ämter und Verantwortung angetragen wurde. Andere musste mehrfach geschubst werden und ließen sich erst einbinden, als ursprünglich vorgesehene Kandidaten und Kandidatinnen abgesprungen sind. Oftmals sind die Befragten auch bei Wahlen angetreten, wo sie und ihr Umfeld eigentlich sicher waren, aufgrund der früheren Mehrheitsverhältnisse und der aktuellen Stimmungslage in der Bevölkerung keine Chancen zu haben.

Doch egal, wie die hier vorgestellten Männer und Frauen in ihre jeweiligen Ämter kamen: Als sie dann dort angekommen waren, konnten sie gestalten. Ihre Wirkmächtigkeit hatte viele Gründe. Da war zum einen die völlig neue Umbruchsituation, in der vieles, wenn nicht alles, möglich war. Da war zum anderen die anfangs weitest gehende Befreiung von jeglichen Gesetzen und bürokratischen Regeln: Die alten galten nicht mehr, die neuen waren noch nicht geschrieben und verabschiedet. Zugute kam den Handelnden in dieser Zeit - und dann vor allem später in den ersten Jahren der staatlichen Einheit - dass es auch genügend finanzielle Mittel gab.

Zumindest für den- und diejenige, die wussten, wo und wie sie das Geld bekommen konnte. Der langjährige Erfurter Oberbürgermeister Manfred Ruge erinnert sich daran, dass der damalige Bundeskanzler Helmut Kohl oft seinen Freund, den damaligen thüringischen Ministerpräsidenten Bernhard Vogel besuchte und dann auch bei ihm im Erfurter Rathaus vorbei kam. Kohl habe ihm mit seinem bekannten Pfälzer Dialekt und jovialen Wesen folgendes eingeschärft: „Jong, Jong, es gibt goldenen Brei, nimm große Löffel und hol ihn Dir!"

Finanzielle Mittel waren natürlich notwendig, denn da war die dringende Notwendigkeit, zu handeln: In Erfurt drohte die mittelalterliche Altstadt aus von der SED bewusst vorangetriebener Baufälligkeit in sich zusammenzustürzen. Im späteren Landkreis Altenburg litten die Menschen unter den unerträglichen Umweltbedingungen, die das Teerwerk Rositz hervorgerufen hatte. Jena kämpfte um die für die Stadt existentiell wichtige und identitätsstiftende Carl-Zeiss-Stiftung.

Das sind nur drei von gefühlt drei Millionen Baustellen: Überall mussten Straßen neu gebaut werden, die Infrastruktur in Stand gesetzt oder neu gebaut werden. Als wäre das nicht genug, wurden überall alle politischen Gremien neu konzipiert und gewählt, musste das Schul- und das Sozialsystem völlig umgekrempelt werden. Es gab einen fast kompletten Austausch an Funktions- und Mandatsträgern, und das überall.

Stellvertretend für viele deshalb hier die Erinnerungen von Manfred Ruge, Johannes Nitsch, Michael Kummer, Konrad Haueisen und Jörg Schwäblein:

Manfred Ruge

Als Manfred Ruge am 6. Mai 1990 die Oberbürgermeister in Erfurt gewinnt, gelten noch die Gesetze der DDR. Ministerpräsident ist Lothar de Maizière. Am 30. Mai wird Ruge in der Stadtverordnetenversammlung im damaligen

Haus der Deutsch-Sowjetischen Freundschaft, heute die Aula des Evangelischen Ratsgymnasiums, mit 138 von 149 abgegebenen Stimmen zum Oberbürgermeister gewählt und vereidigt.

Mein Vater hatte ein Geschäft, wir hatten bis zu 400 Mitarbeiter. Er wurde 1961 enteignet. Mein Vater ging nie „auf Arbeit", er war immer im Geschäft. So bin ich groß geworden. Ich wollte 1989 eigentlich auch in die Selbstständigkeit. Gleichzeitig war ich auch immer ein hochpolitischer Mensch. Ich habe die Ost-CDU 1989 verlassen und das Neue Forum mitgegründet. Im Frühjahr 1990 wollten wir die alten Kader nicht mehr sehen und neue Leute an der Spitze haben. Also mussten wir uns selbst engagieren. Auch der Bischof von Erfurt hat mir ins Gewissen geredet. Er hat deutlich gemacht, was er von mir erwartet.

Ich war nicht abgeneigt, aber mein Wunsch war es nicht gewesen. Meine Frau sagte „ja" zur Kandidatur, dachte aber nicht, dass die CDU die Stadt gewinnt. So bin ich zum Amt des Oberbürgermeisters gekommen. Meine Familie war in Erfurt sehr bekannt. Ich habe viele Jahre in einer Schülerband Gitarre und Bass gespielt. In einer Stadt mit 200 000 Einwohnern kennt man sich.

Meine technische Ausbildung hat mir geholfen. Wir haben gelernt, analytisch zu denken. Ich habe bei Professor Phillipow studiert. Er sagte immer, dass sich alle sieben Jahre Wissen der Menschheit verdoppelt. Also kann man nicht alles lernen, es ist wichtiger, die Grundlagen zu kennen. Das Denken ist wichtiger.

Am 6. Mai 1990 bin ich als Oberbürgermeister gewählt worden, am 30. Mai wurde ich vereidigt. In der damaligen Zeit waren ein Großteil der Bediensteten der Stadtverwaltung stramme SED-Genossen. Alle dachten, ich schmeiße alle raus. Schließlich hatte ich an vorderster Front am 4. Dezember 1989 die Stasi aufgelöst. Mein Credo war deshalb klar und jeder wusste das auch: Wer bei der Stasi war und anderen geschadet hat, musste raus. Da war ich sehr konsequent. Ich habe jedem gesagt, dass ja sowieso alles später rauskommt: „Seht zu, dass Ihr Euch leise aus dem Staub macht".

So manchen habe ich auch vor die Tatsachen gestellt und mit ihnen gesprochen: Morgen früh um neun - entweder ist die Kündigung da oder ich mache das öffentlich." Das war eine schlimme Zeit. Es gab noch nicht die deutsche Einheit. Es gab noch nicht das Stasi-Unterlagengesetz.

In den drei Wochen zwischen meiner Wahl zum Bürgermeister und dem Amtseid haben wir die gesamte Leitung, alle Dezernenten, ausgetauscht. Als ich im Bürgermeisteramt ankam, waren alle weg - alle Sekretärinnen, alle persönliche Mitarbeiter.

Ich habe ein aufgeräumtes Dienstzimmer und einen Stahlschrank mit den wichtigsten Dokumenten vorgefunden. Dazu einen leeren Block und schöne, gespitzte Bleistifte. Ich sage das im positiven Sinn: Übergangs-Oberbürgermeister Hirschfeld hat mir eine geordnete Stadt übergeben. Die Kassen waren nicht leer, es war alles geordnet.

Wir hatten eine Koalition CDU/SPD und haben versucht, die freien Stellen mit unseren Leuten zu besetzen. Wir hatten keinen Westimport. Ich meine das nicht abfällig - aber ich glaube, es war auch gut so. Wir haben 7 Tage, 14 Stunden am Tag gearbeitet. Ich habe meine Familie ganz selten gesehen. Meine Sekretärin habe ich von meiner früheren Firma, der Optima, mitgenommen, es waren alles engste Vertraute. Wir hatten nie Schwierigkeiten, dass die engen Mitarbeiter Stasi-Mitarbeiter waren. Das ist bei uns nicht vorgekommen.

Josef Duchač war damals verantwortlich für Zusammenlegung der Kreise Erfurt, Gera und Suhl zum Land Thüringen. Er war der Bevollmächtigte von Ministerpräsident Lothar de Maizière für unsere Region. Er sagte mir immer: „Manfred, arbeitet, arbeitet, arbeitet. Ihr macht Fehler und ich habe das Recht der Gnade". Das war eine Motivation. Es zählte nur der Erfolg. Es hat in Erfurt keinen einzigen Korruptionsfall gegeben. Es hat staatsanwaltschaftliche Ermittlungen gegeben, das ja. Aber immer ohne Ergebnis. Es ist noch nicht mal eine Ordnungswidrigkeit in den ganzen 16 Jahren meiner Amtszeit vorgefallen. Da bin ich ganz stolz drauf.

Johannes Nitsch

Anders als viele seiner Freunde bleibt Johannes Nitsch aus „Verantwortungsgefühl" in der DDR und baut nach seinem Studium an der TU Ilmenau rund drei Jahrzehnte im VEB Energiebau Dresden große Energieübertragungsanlagen. Als die friedliche Revolution beginnt, ist er gerade Mitglied der Ost-CDU geworden und wird in die Volkskammer gewählt.

Meine Heimat ist das Ermland in Ostpreußen. Bis 1947 habe ich dort gelebt. Die polnischen Behörden verlangten 1946 als Voraussetzung für einen Besuch der Grundschule die Unterschrift meiner Mutter für eine spätere polnische Staatsangehörigkeit. Das war undenkbar. Aus diesem Grunde haben sich mit uns im März 1947 einige weitere Familien des Dorfes auf den Weg ins „Reich" gemacht.

Im Auffanglager in Stettin hofften wir einen Transport zu erwischen, der in die Westzonen fuhr. Das glückte nicht. Der Transport landete im Lager Wertlau bei Zerbst/Anhalt in der russischen Zone. Unser Bestreben blieb, zu den Verwandten in eine der Westzonen zu gelangen. Das Leben wollte es anders. Es entstanden neue Bindungen.

Nach dem Abitur 1956 in Köthen/Anhalt und mit dem Studium in Ilmenau änderte sich meine Einstellung. Ich wollte nicht mehr weg, lieber Verantwortung hier übernehmen. Es gab verlockende Angebote nach dem Vordiplom, das Studium an einer westdeutschen Einrichtung fortzusetzen. Aus einem Gefühl der Verantwortung für diesen Teil Deutschlands, der nicht preisgegeben werden durfte, bin ich geblieben. Dazu beigetragen hat, dass Bischof Spülbeck, Bischof des Bistums Dresden-Meißen, uns aufforderte, den Platz nicht zu verlassen, auf den wir gestellt sind.

Hierbleiben hieß ist ja noch lange nicht, in die Politik zu gehen. Viele Freunde und Studienkollegen haben nach 1980 Ausreiseanträge gestellt. Sie wollten als Studenten und auch später noch ebenfalls hierbleiben. Aus Verantwortung für ihre Kinder, sahen sie sich gezwungen, diese Überzeugung aufzugeben. Für andere stellte sich dann die Frage, wenn nicht Abhauen, dann aber Einmischen.

Wie mischt man sich ein? Aus der Arbeit des katholischen Akademikerkreises in Dresden und aus dem konziliaren Prozess Gerechtigkeit, Frieden und Bewahrung der Schöpfung, der 1986 in Dresden begonnen wurde, war ich politisch etwas motiviert. Durch einen Eintritt in die Ost-CDU glaubte ich einen ersten Schritt für das Einmischen zu tun.

Ich musste allerdings viele Monate warten, da im Bezirk Dresden kein Platz für die Mitgliedschaft in der Ost-CDU frei war. Im September 1989 wurde in meiner ersten CDU-Versammlung der Brief von Christine Lieberknecht aus der Ost-CDU Thüringen verlesen.

Das sollte ein gutes Zeichen für meine politische Arbeit werden. Im Oktober 1989 überschlugen sich die Ereignisse in Dresden und Leipzig. Am 5. Oktober 1989 kam es am Dresdner Hauptbahnhof zu einem massiven Polizeieinsatz gegen Bürger, welche die aus Prag vorbeifahrenden Züge begrüßen und einige vielleicht auch entern wollten. Bis weit nach Mitternacht war ich mitten im Geschehen dabei. Erst als eine meiner Töchter durch den Einsatz von Wasserwerfern triefend nass war, sind wir nach Hause.

Im Verlauf des Oktobers und Novembers gab es ständig Möglichkeiten sich einzumischen. Auch durch Briefe an den Hauptvorstand der Ost-CDU oder in Stellungnahmen zu einem neuen Parteiprogramm, das noch einen Sozialismus wollte, wenn auch nach christlichem Vorbild.

Nach nur zwei Monaten Mitgliedschaft wurde ich vom Kreisverband Dresden Nord zum Delegierten für den Sonderparteitag der Ost-CDU in Berlin am 6. und 7. Dezember 1989 gewählt und auf dem Parteitag auch gleich Mitglied des Hauptvorstandes der Ost-CDU geworden.

Dieses Tempo war hoch, aber es blieb nicht dabei. Ich wurde gedrängt, mich als Kandidat für die Volkskammerwahl zur Verfügung zu stellen. Das wollte ich nicht. Als einer der Sprecher des Runden Tisches in meinem Unternehmen mit 2400 Beschäftigten war mir die Arbeit im Betrieb unter neuen Bedingungen interessanter. Es kam anders. Nach dem Verzicht eines CDU-Mitglieds aus meinem Kreisverband konnte ich mich nicht mehr entziehen - damals noch in der Meinung, dass die SPD der DDR die Wahl gewinnen wird und ich mit meinem Listenplatz Nr. 9 keine Chance für den Einzug in die Volkskammer habe.

Das Wahlergebnis der Allianz für Deutschland war überwältigend und das Einmischen bekam konkrete Möglichkeiten. Ich wurde Mitglied der Volkskammer. Obwohl ich kaum jemand in der Fraktion kannte, wählte man mich zum wirtschaftspolitischen Sprecher der CDU/DA-Fraktion der Volkskammer und stellvertretenden Fraktionsvorsitzenden.

Der weitere Weg in der Politik ging über eine Mitgliedschaft von zwei Monaten im 11. Deutschen Bundestag, gewählt von den Mitglieder der Volkskammer. Am 3. Dezember 1990 Wahl zum Abgeordneten des Wahlkreises 319 (Dresden Nord) für den 12. Deutschen Bundestag. Die CDU/CSU Bundestagsfraktion wählte mich zu einem der Stellvertreter des Fraktionsvorsitzenden Dr. Alfred Dregger, ein Jahr später von Herrn Dr. Wolfgang Schäuble. In dieser Funktion war ich auch Vorsitzender der Kommission für Wiederaufbau der neuen Bundesländer.

Die Ergebnisse der Arbeit dieser Kommission wurden im Rhythmus von sechs bis acht Wochen in der Kanzlerrunde bei Bundeskanzler Kohl vorgetragen. Im 13. Deutschen Bundestag wurde ich zum Parlamentarischen Staatssekretär beim Bundesminister für Verkehr berufen. Der Bundesverkehrsminister legte als Arbeitsbereiche für mich die Neuen Bundesländer und die Mittel- und Osteuropäischen Staaten fest.

Nach ca. neun Jahren musste ich auf Anraten der Ärzte wegen gesundheitlicher Probleme die aktive Arbeit in der Politik beenden.

Meine Motivation und die Ziele, die ich in der Politik erreichen wollte, kann ich vielleicht so zusammenfassen: Zum ersten wollte ich den kleineren Teil Deutschlands für eine Wiedervereinigung bewahren, indem der Kreis der Menschen, die an eine Wiedervereinigung glaubten, nicht kleiner wurde. Zum zweiten wollte ich keinen Sozialismus in welcher Gestalt auch immer, insbesondere sollten die unter dem Deckmantel des Sozialismus vollbrachten kommunistischen Verbrechen und die Gewaltherrschaft in großen Teilen der Welt und in Osteuropa ein Ende finden. Schließlich ging es mir um Gerechtigkeit, Frieden und Bewahrung der Schöpfung, das Dokument von Dresden sollte auch in der Politik seine Umsetzung finden. Die schweren Zerstörungen der Natur und Landschaft mussten aufhören und so weit als möglich rückgängig gemacht werden.

Dr.-Ing. Michael Kummer

Nach Studium und der Promotion im Bereich „Physik und Technik elektronischer Bauelemente" forscht der Erfurter am Zentralinstitut für Elektronenphysik der Akademie der Wissenschaften in Berlin. Ende Mai 1990 wird er in die Regierungskommission zur Kontrolle der Auflösung des ehemaligen Staatssicherheitsdienstes berufen.

Ich hatte schon vor 1989 ein Interesse an Politik. Dieses Interesse hat auch dazu geführt, dass ich mich in einer der damaligen Oppositionsgruppen engagiert hatte. Bei „Demokratie jetzt" fand ich Menschen, die ähnlich dachten und die spürten, dass es in der DDR nicht mehr so weitergehen konnte.

In Berlin, ich war damals junger wissenschaftlicher Mitarbeiter am Zentralinstitut für Elektronenphysik der Akademie der Wissenschaften

(AdW), war „Demokratie jetzt“ für mich eine Möglichkeit, über die engen Grenzen des Denkens hinauszugehen und nach neuen Wegen zu suchen. Aber niemand hatte damals ernsthaft mit der Dynamik gerechnet, die die Entwicklung im Herbst 1989 in Gang setzen würde. Das Tagesgeschehen diktierte weitgehend die Entscheidungen. Für mich war klar, dass ich mich aktiv in diesen Prozess einbringen wollte, ein Abwarten im Institut war für mich keine erstrebenswerte Option.

Im Auftrag von „Demokratie jetzt“ begann ich Ende 1989, mich mit der Auflösung des Ministeriums für Staatssicherheit zu befassen. Ich zählte mich nicht zu den Verfolgten der Stasi, wusste aber, dass die Stasi als „Schild und Schwert der SED“ das wichtigste Machtinstrument der DDR-Führung war, und hatte aus vielen Gesprächen mit Freunden vom Leid der tatsächlich Betroffenen erfahren.

Mit dem Ende der DDR war klar, dass auch die Tage der Stasi gezählt waren. Ich wurde Mitglied im Berliner Bürgerkomitee und der Regierungskommission zur Auflösung der Stasi. Ab Oktober 1990 arbeitete ich im Aufbaustab des Bundesinnenministeriums für die Stasiunterlagenbehörde in Berlin.

Mein Bestreben galt einer friedlichen und halbwegs geordneten Abwicklung der Stasi. Dabei galt es, die berechtigte Wut der Betroffenen und deren Interesse an einer Verfolgung der Verantwortlichen aufzunehmen und einem rechtsstaatlichen Verfahren zuzuleiten. Insbesondere zu Beginn der Auflösung wusste noch niemand, wie die ehemaligen Mitarbeiter der Stasi reagieren würden. Gewaltsame Auseinandersetzungen sollten in jedem Falle vermieden werden. Erfahrungen mit der Auflösung eines Geheimdienstes gab es nach meiner Kenntnis nicht.

Die Möglichkeiten der bunt zusammengesetzten Bürgerkomitees waren naturgemäß sehr begrenzt, sie waren schon zahlenmäßig zu schwach, um die technische Auflösung eines kompletten Geheimdienstes im Detail steuern und überwachen zu können. Dennoch war es wichtig, zum

ersten Mal eine Art öffentlicher Kontrolle über einen in Abwicklung befindlichen Staatssicherheitsdienst eingeführt zu haben.
Manchen ging der Auflösungsprozess nicht schnell und radikal genug, aber aus heutiger Sicht kann sich das Ergebnis aber durchaus sehen lassen. Die Stasiunterlagenbehörde hat sich bewährt, sie gewährt Betroffenen Einblick in die Unterlagen, sie ein sicheres Archiv für Historiker und sie leistet einen wichtigen Beitrag zum Rechtsfrieden.

Dr.-Ing. Konrad Haueisen

Der promovierte Ingenieur für Gerätetechnik arbeitet seit rund einem Jahrzehnt als Konstrukteur im VEB Mikroelektronik Ilmenau, als die friedliche Revolution beginnt.

Ich wurde in Möhrenbach, einem kleinen Ort im damaligen Landkreis Arnstadt geboren und wuchs in einem christlich geprägten Elternhaus auf. (...)

Nach dem Abitur kam aber nicht das Studium, sondern der Stellungsbefehl zum Ableisten des Wehrdienstes bei der NVA. Von den ca. 20 Jungen aus unserer Klasse hatte es genau eine Bankreihe getroffen. Diese vier waren ausgesucht, erst einmal dem Vaterland zu dienen. Ende Oktober 1968 rückte ich ein und war 18 Monate lang Soldat auf dem Flugplatz Brandenburg Briest beim flugtechnischen Bataillon 31.

Während der Schulzeit wurden wir stark gefordert. Neues zu begreifen, bleibend zu verinnerlichen, Zusammenhänge zu erkennen, das Gehirn mit Vokabeln vollzustopfen, dabei den Sport nicht zu vergessen. (...)
Beim Militär war das vollkommen anders: Erst einmal wurde uns gezeigt, dass jeder als Individuum einen Dreck wert ist. Befehle zu befolgen, ohne nach deren Sinn zu fragen. Das war unser neuer Lebensinhalt. (...)
Am Tage der Entlassung habe ich den Vorsatz gefasst, künftig niemals freiwillig in der NVA zu dienen und niemals der SED beizutreten. (...)

Zudem betätigte ich mich bereits seit 1974 in meiner Freizeit beim Elferrat der THI. Die Faschingsveranstaltungen waren bekannt und sehr beliebt, denn es war der Ort, wo man über die Geschehnisse, die alle berührten, scharfzüngig und öffentlich bislang ungestraft Witze reißen konnte - bis im Jahr 1976 alles explodierte. Parteivertreter oder Stasimitarbeiter aus Berlin waren inkognito zu Gast, schnitten die Büttenreden mit. Das hatte Konsequenzen für die Hauptakteure: berufliche Karrieren wurden abgebrochen, Parteistrafen für die Genossen erlassen, Verbote zum Betreten des Hochschulgeländes ausgesprochen und andere Maßnahmen ergriffen. (...)

Dann kam die Wende. Einer meiner Freunde aus dem Elferrat meines Heimatortes Möhrenbach erzählte mir, dass er eine Ortsgruppe der CDU gründen will, auch um Kandidaten zur Gemeinderatswahl im Mai 1990 aufzustellen mit einem Bewerber für das Bürgermeisteramt. Bei letzterem hat er an mich gedacht. Er meinte, dass sich die alten SED-Kader im Laufe der Jahre verbraucht haben und an ihre Stelle nun neue, unbelastete Leute treten müssten.

Es war das erste Mal in meinem Leben, dass mir jemand ein Amt (früher hätte es geheißen: eine Funktion) antrug, ohne damit Druck oder gar Drohungen zu verbinden. Es eröffnete sich die nie erträumte, verlockende Möglichkeit, Zustände, die wir in unseren Auftritten als Faschingssänger auf die Schippe genommen hatten, nun anzupacken, selbst Politik mitzugestalten – in Freiheit und Demokratie.

Materielle Vorteile waren nicht zu erwarten, da nach geltendem DDR-Recht ein Bürgermeister genauso viel Gehalt bekam wie in seiner vorhergehenden Tätigkeit. Besonders sicher konnte man das Amt auch nicht nennen, denn nach vier Jahren wurde neu gewählt und das spätere massenhafte Arbeitsplatzsterben war im Frühjahr 1990 so noch nicht absehbar.
Viele meiner Freunde und Verwandten warnten mich, ob es denn passte, wenn ich als promovierter Ingenieur Bürgermeister in einem Ort mit

reichlich 800 Einwohner würde. Wie sollte meine weitere berufliche Zukunft aussehen – vollkommen überqualifiziert als Dorfbürgermeister. Meine Frau stärkte mir den Rücken. Zum ersten Mal im Leben trat ich einer Partei bei – der CDU – bewarb mich und wurde zum Bürgermeister von Möhrenbach gewählt. (...)

Nach einem Jahr Bürgermeistertätigkeit fragte mich der Landrat unseres Kreises Ilmenau, Dr. Benno Kaufhold (auch ein Absolvent der TH Ilmenau), ob ich mir vorstellen könnte, im Landratsamt als Angehöriger der Kommunalaufsicht für die kreisangehörigen Gemeinden zu arbeiten. Dazu könnte er einen studierten Juristen aus den alten Bundesländern oder vielleicht einen Bürgermeister einstellen.

Er schlug den Entscheidungsgremien die zweite Lösung vor, um mit einem Kommunalaufseher zu arbeiten, wie er sagte, der die Bürgermeister persönlich kannte, ihre Sorgen und Nöte, aber auch ihre Tricks. Außerdem wollte er einem hiesigen Beschäftigten eine Chance zur beruflichen Entwicklung geben, da in meiner kleinen Gemeinde in absehbarer Zeit kein hauptamtlicher Bürgermeister mehr tätig sein würde. Ich schlug einen Nachfolger für das Bürgermeisteramt vor, der gewählt wurde, die Wahl annahm und arbeitete fortan im Landtatsamt des Altkreises Ilmenau.

So vollzog sich mein beruflicher Wechsel von der Technik zum politischen Amt und weiter zur öffentlichen Verwaltung in zwei Schritten.

Jörg Schwäblein

Der Diplom-Ingenieur für „Physik und Technik elektronischer Bauelemente" arbeitet seit 1974 als Entwicklungsingenieur im Funkwerk Erfurt. Als am 7. Mai 1989 die Kommunalwahlen in der DDR stattfinden, ermuntert er seine Freunde und Bekannten zu stillem Protest: Sie sollen alle Namen durchstreichen, damit der Wahlzettel als Nein-Stimme gewertet wird. Hier erzählt der spätere Vorsitzende der CDU-Fraktion im Thüringer Landtag und langjährige Parlamentarier seine Geschichte.

Meine Opposition zum Elternhaus und zum Regime hat dann dazu geführt, dass ich 14 Tage vor dem Abitur in die Ost-CDU eingetreten bin. Da hatten sie noch keinen für die SED, aber ich war schon der dritte, der in die CDU eingetreten ist. In dem roten Bezirk Suhl ging da natürlich was ab. Da gab es Krisensitzungen an der Schule, und danach haben sie so massiv geworben, dass selbst mein Banknachbar, ein absolut reaktionärer Kerl, plötzlich in die SED eingetreten ist. Seitdem ist die Freundschaft zerbrochen. (...)

Später habe ich Schulungen mitgemacht, was ist eine gültige, was ist eine ungültige Stimme und habe das allen meinen Freunden und Bekannten erklärt. Ich sage, wenn ihr gültig mit Nein stimmen wollt, müsst ihr sie alle einzeln durchstreichen oder mit einem Strich durch alle. Aber es darf kein Name unberührt bleiben, sonst habt ihr euch trotzdem für den Wahlvorschlag der Nationalen Front ausgesprochen. Der Wahlabend am 7. Mai 1989 war rum, ich war erfreut und erstaunt, wie viele in die Wahlkabine gegangen waren. Und wir hatten irgendwo sechs, sieben, acht Prozent Nein-Stimmen. Ich habe es nicht mehr ganz klar im Kopf. Ich dachte okay, das muss die doch jetzt mal aufrütteln. Das war noch nicht systemgefährdend, aber diese Traumergebnisse von 99,8% gab es halt nicht mehr.

Tatsächlich aber hat Egon Krenz einen hervorragenden Wahlsieg von 98,6 und noch was Prozent erklärt. Ich saß wie vom Donner gerührt. In den nächsten Tagen habe ich mich erkundigt bei anderen, sag mal, wie viel Nein-Stimmen gab es denn bei euch? Kollegen, Freunde, kirchliche Bekannte, und ganz schnell hatte ich mehr Nein-Stimmen zusammen als für die ganze Stadt zugegeben worden waren. Dann habe ich noch mal eine Runde gedreht, sagte, hört zu, ich weiß noch nicht, wie ich mit dem Wissen jetzt umgehe, aber würdet ihr im Zweifel selbst vor Gericht als mein Zeuge zur Verfügung stehen für eure Ergebnisse?

Ich wusste, nach dem DDR-Wahlgesetz hatte ich 14 Tage Zeit für meinen Einspruch. Und in meiner Gewissensnot habe ich mich dann an meine Pastorin gewandt, die kam zu uns in die Wohnung. Meine Frau war heftig dagegen, du hast jetzt schon genug Familie riskiert, jetzt willst du auch noch ins Gefängnis gehen. Mach es wie alle anderen und sei still. Und ich habe dann auch der Pastorin klar gemacht, ich habe auch einen Konflikt, der wieder von meinem Vater herrührt. Liebe Eltern, was habt ihr gemacht, als ihr gemerkt habt, das geht schief? Habt ihr das euch Mögliche getan? Ich wollte den Vorwurf mal nicht von unseren Söhnen später abkriegen.

Da sagte die Pastorin, also Herr Schwäblein, ich kenne Sie jetzt lange genug, dann müssen Sie was machen, sonst kommen Sie aus diesem Gewissenskonflikt nie wieder raus. Ja, und dann bin ich da am letzten Tag der Einspruchsfrist los, habe früh morgens noch meinen Chef informiert, hör zu, heute werde ich Anzeige wegen Wahlbetrug erstatten. Da saß er da wie vom Donner gerührt. Wie ich sagte, es gab nicht nur Familienhaftung, Sippenhaftung. Es gab auch die Vorgesetztenhaftung. Da sagt er nur, Jörg, was tust du uns noch alles an? Aber tu es. Spannender Satz. Habe ich 20 Jahre später wiederholt, als er in den Ruhestand verabschiedet wurde. Da hatte er Tränen in den Augen.

Da bin ich los, Anlaufpunkt für Widersprüche war die Nationale Front. Da bin ich also Freitagnachmittag, 14:00, 14:30 Uhr, beim Rat des Bezirkes gelandet im Hochhaus. Ich bin zum Pförtner, ich sage, ich möchte gerne den Ratsvorsitzenden sprechen, habe meinen Ausweis hoch gehalten. Ja, was wollen Sie? Ich sage, ich möchte Anzeige erstatten wegen Wahlbetrug.

Da war gerade so Feierabendverkehr in diesem Treppenaufgang, war ja der zentrale Ein- und Ausgang dort. Auf einmal hätte man eine Stecknadel zu Boden fallen hören können. Was wollen Sie? Ich sage ja, ich möchte Anzeige erstatten wegen Wahlbetrugs. Boah! Nach ein paar Sekunden des Schweigens fing der an zu telefonieren.

Dann hat mich irgendeiner, dessen Namen ich mittlerweile schon wieder vergessen habe, eine graue Gestalt wahrscheinlich von der Sicherheit, dann irgendwo in den dritten, vierten Stock mitgenommen in einen bestimmten Raum. Ich weiß nicht, ob der überwacht war, ist mir auch ganz egal, und hat da versucht, mich da massiv unter Druck zu setzen. „Wer steht hinter Ihnen? Von wem sind Sie gesteuert?" Und in diesem Jargon mich da angebrüllt und versucht klein zu machen. Ich sage, wissen Sie was, ich kenne meine Rechte. Ich habe das Recht dazu, ich kann das schriftlich machen, ich kann es mündlich machen. Sie haben es jetzt aufzunehmen, und ich gehe. Da bin ich gegangen. Er war so verdattert.

Ich bin gegangen, und dann habe ich etwas gemacht, was ich im Kopf vorbereitet hatte. Ich habe mich in unseren zehn Jahre alten Trabant gesetzt und bin in den Thüringer Wald gefahren bei Oberhof auf irgendeine Waldlichtung und habe den Tag vergehen lassen, den letzten Tag der Einspruchsfrist. Und niemand wusste, wo ich bin. Weder meine Frau, noch jemand von der CDU, noch jemand im Betrieb. Und wie ich es erwartet hatte, ist es auch eingetreten. Vom Rat des Bezirkes sind dann die Alarmsirenen losgegangen, und dann sind sie zur CDU.

Was macht euer Mitglied? Den müsst ihr doch zurückholen. Das geht doch so nicht. Sind in den Betrieb zu meinem Chef. Was macht Ihr Mitarbeiter da? Nehmen Sie Einfluss auf den? Sind zu meiner Frau, haben die versucht, unter Druck zu setzen und keiner wusste, wo ich war.

Nach Mitternacht bin ich nach Hause gekommen. Jetzt war das Ding in der Welt. Hätte ich gewusst, dass sie für Leute wie mich schon Internierungslager vorbereitet hatten mit Adresslisten und Einsatzplänen, dann hätte mich wahrscheinlich mein Mut verlassen, das sage ich heute ehrlich. Dass es so gefährlich war, wusste ich nicht.

Anfang Juni, den Tag habe ich mir nicht gemerkt, kriegte ich dann eine Nachricht. Mein Chef hatte mir einen Zettel auf den Platz gelegt, da stand nur drauf: „Das Imperium schlägt zurück". Dann das Gespräch beim Sekretär des Rates des Bezirkes. Ich versuchte, ihn mit dem Gang zur Staatsanwaltschaft zu beeindrucken. Er sagte nur, Herr Schwäblein, überlegen Sie sich das gut. Ihre so genannten Zeugen werden alle der Reihe nach umfallen. Ich habe schon so viele so genannte Zeugen erlebt. Keiner ist bei seiner Meinung geblieben. Das war die massive Drohung. Und dann sagte er, so junge, drängende Leute wie Sie werden wir noch brauchen. Halten Sie sich zurück. Hat mich auch nicht überzeugt.

Dann aber sagt der einen Satz: Herr Schwäblein, das wird die letzte Wahl dieser Art gewesen sein. Das war am 3. Juni 1989 - von einem hochrangigen Vertreter der SED. So, und als ich dann immer noch nicht beigegeben habe, sagt er, tun Sie mir einen Gefallen, warten Sie mal die Entwicklung und die nächsten Tage ab, bevor Sie einen Schritt tun. Und da habe ich dann mitbekommen, dass sie die, die dann schon bei der Staatsanwaltschaft waren, eingesperrt und vor die Wahl gestellt hatten, halt Knast auf sich zu nehmen oder die Ausreise genehmigt zu bekommen. Da haben sie die Ausreise gekriegt, die sie wollten. Das war bei vielen ein Motiv, unter anderem, nicht das einzige. Und da habe ich dann zu meiner Frau gesagt: Hör zu, ich habe jetzt das mir Mögliche getan. Wenn ich jetzt weiter gehe, lande ich im Knast und habe dann auch nichts bewirkt. Ich höre jetzt auf. Da war sie froh. Ab dem Tag, behaupten unsere Söhne, hätte ein anderes Auto vor dem Haus gestanden mit Männern drin. Ich habe mich dann trotzdem nicht klein machen lassen.

Danach ging alles wie im Zeitraffertempo. Später im Oktober und November 1990 waren bei uns alle auf der Straße. Im Mai, Juni habe ich keinen gesehen, auch von den sogenannten Bürgerbewegten nicht.

Die Kommunalwahlen vom Mai 1989 waren die letzten Wahlen, die nach Einheitslisten der Nationalen Front stattfanden. Nur eine Liste stand zur Wahl. Egon Krenz war Vorsitzender der Wahlkommission und verkündete 98,85 Prozent gültige Stimmen für den Wahlvorschlag der Nationalen Front. In so gut wie allen Wahlkreisen zählten Beobachter mehr Nein-Stimmen als offiziell angegeben. In Berlin-Weißensee gelang es, die Fälschungen nachzuweisen, was den sich formierenden Widerstand gegen die SED stärkte. In Ostberlin kam es in Folge am 7. jedes Monats zu Demonstrationen gegen den Wahlbetrug.

Auch die Umweltbedingungen waren für viele Anlass zum Protest - erst leise, dann lauter. Obwohl die Probleme massiv waren, findet sich im Schürer-Bericht dazu kaum etwas. Ganz offensichtlich hatte das Thema bei der damaligen Regierung kaum oder sogar keine Bedeutung.

Und das, obwohl die Umweltsünden der DDR „zu riechen, zu schmecken und zu sehen" waren, wie es in der Beschreibung einer MDR-Dokumentation[2] heißt. Im Juni 1988 gelang es einer Gruppe von Umweltaktivisten, den berüchtigten Silbersee in Bitterfeld zu filmen und die Aufnahmen dem West-Fernsehen zuzuspielen. Die Aktivisten hatten sich als Drehtag den Tag des Finalspiels der Fußball-Europameisterschaft ausgesucht. Ihr Kalkül ging auf: Die zuständigen Vertreter von Stasi und Polizei hingen vor den Fernsehern, die Aktivisten konnten unerkannt drehen.

Sowohl für Lutz Biste als auch für Christian Gumprecht war die Umweltsituation ein entscheidender Grund, zu Wendezeiten selbst aktiv zu werden. Hier sind - auch wieder stellvertretend für viele - ihre Berichte.

Christian Gumprecht

Der Diplom-Elektrotechniker hat sein Studium an der TH Ilmenau 1975 beendet und dann bei einem Energieversorgungsunternehmen in Altenburg Elektroanlagen und Leitungen im Umkreis von 40 Kilometern vorbereitet.

Durch meine Tätigkeit bei der Energieversorgung kannte ich die Situation in der Wirtschaft am Ende der 90iger Jahre. Man produzierte auf

---

2 https://www.mdr.de/zeitreise/umweltverschmutzung-ddr-bitterfeld100.html

Kosten der Umwelt. Fünf Kilometer entfernt von Altenburg befand sich das Teer-Verarbeitungswerk Rositz. Die vom Werk ausgehenden Dämpfe belasteten enorm die Lungen der Menschen. Nach der friedlichen Revolution wollten wir eine saubere Luft. Die Umweltbelastung war eine der treibenden Kräfte, die uns damals bewegt hat. Wir wollten auch nicht nur im Freundeskreis, sondern in der Öffentlichkeit ehrlich miteinander reden. Im Herbst 89 sind wir sind nach Leipzig zu den Montagsdemonstrationen gefahren. Wir wollten Veränderung.

Bischof Reinelt hat uns nach Dresden eingeladen. Dort gründeten wir die Aktion „Katholischer Christen". Der Bischof hat uns ermutigt, zu handeln. So beteiligte ich mich in Altenburg am Runden Tisch. Drei der Mitstreiter aus dem Raum Altenburg, die beim ersten Treffen in Dresden dabei waren, sind in die Politik gegangen. Einer wurde Umweltminister in Dresden, ein zweiter Oberbürgermeister von Altenburg und ich Landrat. Wir sind im Gegensatz zu den evangelischen Christen relativ spät politisch aktiv geworden, aber dann mit voller Kraft und allen Konsequenzen.

Meine Motivation war Unzufriedenheit - und der Wille, dass sich etwas verändern musste. Verändern konnte ich nur, wenn ich mich politisch engagiere. Vor den Kommunalwahlen 1990 überlegte ich lange, welcher Partei ich mich anschließen kann. Ich habe mich für die CDU entschieden. Thüringen war immer SPD-Land und wider Erwarten war die CDU die stärkste Kraft bei der Kommunalwahl. Wer sollte nun Landrat in Altenburg werden?

Wir fanden einen unbescholtenen Arzt für die Wahl zum Landrat, der jedoch kurzfristig absagte. Ich selbst war in Gießen unterwegs und habe mich dort informiert, wie ein Kreistag funktioniert. Dabei lernte ich Volker Bouffier (den späteren CDU-Ministerpräsidenten von Hessen) kennen, der mir sagte: „Sie, Sie machen den Landrat." Da war ich ziemlich perplex. Schließlich habe ich mich am Vorabend der Wahl zum Landrat entschieden, zu kandidieren und wurde auch gewählt. Die Zeit als Landrat war eine sehr, sehr erfüllte Zeit. Und ich habe es gern getan.

Was waren unsere Ziele: Bessere Umwelt und eine bessere Krankenversorgung.

In das Teerwerk Rositz wollte die alte Betriebsleitung mich am Anfang gar nicht reinlassen, obwohl ich der Landrat war. Ich musste denen drohen, schließlich war ich ja für die Sicherheit der Bürger verantwortlich. Im Teerwerk wurde aus Braunkohle Benzin hergestellt. Das war zwar völlig unrentabel, aber für die DDR eine Möglichkeit, ihre reichlichen Vorkommen an Braunkohle zu nutzen und keine Devisen für Benzin ausgeben zu müssen.

Entstanden ist das Werk, nachdem es im Jahr 1916/17 durch das Fischer-Tropsch-Verfahren möglich wurde, aus Braunkohle Treibstoffe für die Marine herzustellen. Am 16. August 1944 kam ein Luftangriff und zerstörte das gesamte Werk. Schon damals liefen große Mengen an Ölen und Teeren aus den Tanks auf dem 44 Hektar großen Werksgelände aus.

Dennoch wurde die Produktion nach dem Krieg wieder aufgenommen. 1951 standen die Anlagen, die Produktion lief wieder an. Da nicht alle Produkte absetzbar waren, hat man am Anfang Tanks damit gefüllt. Als sie voll waren, wurde ein kleiner Braunkohletagebau neben dem Werksgelände, zwei Hektar groß, 20 Meter tief genutzt. Dieses Loch hat man mit Teer verfüllt. „Die neue Sorge“ so wurde der Teersee genannt. Für uns war er der Inbegriff „Rositz stinkt“. Es roch nach Schwefel - nicht eben nur ein paar Tage, sondern immer. Tage lang, Wochen lang, Jahrzehnte.

Natürlich war es völlig unrentabel, aus Braunkohle Benzin herzustellen. So wurde das Werk nach der friedlichen Revolution innerhalb von wenigen Tagen geschlossen, 1000 Arbeiter wurden entlassen. Ich war noch im Juli 1990 vor Ort und habe mir die Kokerei angesehen. Für mich sah es da aus wie auf einem Gemälde von Adolph Menzel, ein totaler Alptraum.

Doch die Mitarbeiter waren immer noch stolz auf ihr Werk. Sie negierten die Umweltbelastung und sagten mir: „Wir bekommen doch dafür einen Liter Milch am Tag zusätzlich."

Es war eine Zerreißprobe, weil der Gewinn an Luft mit einem Verlust an Arbeit einher ging. Die Gemeinde war völlig überfordert. Um die Emotionen zu zügeln und öffentliche Transparenz reinzubringen, haben wir einen runden Tisch installiert. Alle durften mit ran. Das hat erst mal die Emotionen rausgenommen, damit die Sanierung losgehen konnte.

Leider war Rositz nicht groß genug, um auf die Sanierungs-Liste des damaligen Bundeskanzlers Helmut Kohl zu kommen. Es meldeten sich Investoren, die eine neue Entsorgungsanlage auf dem Gelände bauen wollten und auf diese Weise dann auch den Teersee und das Gelände entsorgt hätten. Doch die Bürger wollten keine neue große Mülldeponie.

Also gelang es schließlich, den Teersee mit öffentlichen Mitteln und öffentlichem Einsatz zu sanieren. In einer großen Beschäftigungsgesellschaft des Landkreises waren über 600 Arbeiter tätig, die die Betriebsanlagen abgerissen haben. Sie haben unter fachlicher Aufsicht auch den Teersee leer gebaggert, die Flüssigstoffe abgesaugt und in separaten Anlagen entsorgt. Der Teerseee war ständiges Thema am Kabinettstisch der Thüringer Landesregierung. Die Sanierung dauerte bis zum Jahr 2012. Heute ist nichts mehr von dem Teersee zu sehen.

Dr. Lutz Biste

Nach seiner Promotion in Festkörperchemie an der TU Ilmenau arbeitet der gebürtige Gothaer anderthalb Jahrzehnte als Umweltschutzbeauftragter beim VEB Mikroelektronik Ilmenau (früher VEB Elektroglas). Im Juni 1990 geht er als Dezernent für Umwelt ins neu geschaffene Landratsamt des Ilm-Kreises.

Neben meiner Tätigkeit als Abteilungsleiter Fertigungsüberwachung und Abwasserbehandlung in einem Betrieb der Mikroelektronik war ich seit dem Ende der 1970er Jahre Umweltschutzbeauftragter der Firma und Arbeitsgruppenleiter Abwasserbehandlung im Technologiezentrum des Kombinates Mikroelektronik.

Wir, die Umweltschutzbeauftragten der Betriebe, konnten durchaus einiges an Investitionen und Verfahrensverbesserungen veranlassen und erhielten detaillierten Einblick in Umweltprobleme der DDR, aber auch weit darüber hinausgehend in weltweite Entwicklungen. Mein Engagement in Umweltfragen war offenbar 1989/90 an die neu entstehende Verwaltung, hier des Landkreises Ilmenau, herangetragen worden.

Ich wurde gefragt, ob ich den Umweltbereich im Landratsamt als Dezernent übernehmen würde. Die Entscheidung fiel mir leicht, die regionalen und darüber hinaus gehenden Defizite waren mir großenteils bekannt. Der neue Kreistag stimmte der Personalie zu und los ging`s.

Aufgrund meiner beruflichen Herkunft galt mein besonderer Einsatz seit 1990 der Durchsetzung einer ausgewogenen Umweltpolitik im Landkreis, die die infrastrukturellen und wirtschaftlichen Interessen nicht ignoriert. Dank der Unterstützung durch die Landräte und Kreistage konnte ich auch Vorhaben des Umweltschutzes für unsere Region im Bereich der sog. „freiwilligen Leistungen" der Verwaltung initiieren und umsetzen. Partner in den unterschiedlichsten Bereichen des gesellschaftlichen Lebens bis hin zur Wirtschaft wurden für gemeinsame Projekte motiviert und gewonnen.

Wir haben Klimaschutzprojekte angeschoben, es gab im Landkreis eine Woche der erneuerbaren Energien. Eine umfangreiche Naturschutzkonzeption des Kreises wurde erarbeitet und vom Kreistag verabschiedet und Ähnliches mehr.

Zunächst war aber eine neue Umweltverwaltung mit den Schwerpunkten Immissionsschutz, Gewässerschutz und Naturschutz sowie Bodenschutz nach bundesdeutschem Recht aufzubauen. Intensiv und interessant waren die Auseinandersetzungen um die Zuständigkeitsregelungen mit Ministerium und mittleren Behörden im Rahmen des Umweltausschusses des Thüringischen Landkreistages.

Besonders wichtige Beiträge von Verwaltung und Kreistag sehe ich im Bereich der seit 1990 mit gewaltigem Finanzierungsaufwand bei solider Förderung durch das Land realisierten Sanierung und Rekultivierung einer Vielzahl gewerblich und kommunal verursachter Altlasten und Altablagerungen. Die Ergebnisse können sich sehen lassen.

Die öffentliche Abfallwirtschaft ist Umweltschutz im besten Sinne, gleichzeitig sind die Kosten und damit die Gebühren auf verträglichem Niveau zu halten. Dem Problem der Deponieüberkapazitäten im Ilm-Kreis mit der Aussicht auf erhebliche offene Forderungen der Banken nach dem Ende der Deponierung unbehandelter Abfälle in Deutschland ab Juni 2005 wurde durch ausreichende Rücklagenbildung und die vom Freistaat finanziell geförderte Zweckverbandsbildung vorausschauend gegengesteuert, so dass der Ilm-Kreis im Unterschied zu vielen anderen Entsorgungsträgern in Deutschland danach schuldenfrei in die Zukunft der Abfallwirtschaft schauen konnte.

Mit der Restabfallbehandlung wurde nach dem Verzicht auf den Bau einer eigenen Anlage durch den Zweckverband für 10 Jahre ein verlässlicher Partner beauftragt, was wohl die richtige Entscheidung war. Den umweltfreundlichen Bahntransport übernahm bis 2015 ein regional ansässiges Bahnunternehmen, damals beispielhaft für andere Entsorgungsträger.

Neben der Sorge um die Umwelt war auch der kirchliche Hintergrund Vieler ein ganz treibender Motivator, sich einzumischen. Stellvertretend dafür hier die Berichte von Michael Ermrich und Ursula Nirsberger:

Dr.-Ing. Michael Ermrich

Nach seinem Studium an der TU Ilmenau und der Promotion auf dem Gebiet Elektronische Schaltungstechnik arbeitet Michael Ermrich als Rationalisierungsingenieur und Hauptabteilungsleiter im VEB Gießerei und Ofenbau Königshütter/Harz. Im Zuge der friedlichen Revolution will er sich eigentlich selbstständig machen und war schon beim Notar, um eine GmbH zu gründen. Stark in der katholischen Kirche engagiert, lässt er sich dann aber doch einbinden, die Wende mitzugestalten - zuerst bis 1992 als Oberkreisdirektor des Landkreises Wernigerode und dann als Landrat im Landkreis Wernigerode.

Es war nicht Wunsch und damit Ziel, aus der Industrie in die Kommunalverwaltung zu wechseln. Noch bis Mai 1990 verfolgte ich das Ziel der Selbstständigkeit und war schon beim Notar für die GmbH-Gründung der Firma.

Im September 1989 kam es auf der Huysburg im Anschluss an eine Wallfahrt zu einem Treffen einiger Teilnehmer nach spontaner Einladung des damaligen Regens Paul Christian. Er berichtete über die Aktivitäten von Prof. Hans-Joachim Meyer aus Sachsen. Im Ergebnis gründete sich ein „Aktionskreis kath. Christen" den der Regens leitete, der aber zunehmend in meine Verantwortung überging. Wir hatten interessante Referenten, u.a. den Geschäftsführer des Landkreistages Nordrhein-Westfalen Herrn Dr. Leidinger.

Anfang Juni war es wohl, da hatten wir am Samstag wieder ein Treffen auf der Huysburg und beim nach Hause fahren habe ich meinem Vater gesagt, dass die Stelle des Oberkreisdirektors ausgeschrieben ist und sie wohl immer noch keinen haben.

Wir wollten die Wende – und nun findet sich keiner. Am Sonntag habe ich das Thema dann nach der Kirche angesprochen und man schlug mir vor, mich mal beim ehrenamtlichen Landrat am Montag einfach zu melden.

Zwei Wochen später war ich Oberkreisdirektor und mein Leben veränderte sich. Ich war gern Ingenieur und hatte 1994 vor, als Professor an die Hochschule Harz, deren Neugründung ich begleitet hatte, zu wechseln. Die Bewerbungsvorlesung hatte ich bereits gehalten. Ich wurde dann aber überredet, nochmal als Landrat zu kandidieren und gewann. Damit war der weitere Lebensweg endgültig gekennzeichnet.

Ursula Nirsberger

Die Diplomingenieurin für Elektrotechnik arbeitet zu Zeiten der friedlichen Revolution etwas über ein Jahrzehnt beim VEB Elektroglas Ilmenau. Nach ihrer Zeit als Kreisrätin in Ilmenau arbeitet sie seit Mai 1993 *als Referentin in der Thüringer Staatskanzlei.*

Anstöße gab es genug. Motiviert durch die verschiedenen Arbeitskreise vor und nach 1989 im kirchlichen Raum und meine Aktivitäten in der evangelischen Studentengemeinde zu Beginn meines Studiums, wuchs 1990 der Gedanke, Politik mit gestalten zu wollen. Unter den Studierenden gab es ein kleines Netzwerk, man kannte sich und schätzte sich.

Wir machten uns Mut, Verantwortung zu übernehmen: Raus aus dem Schutzraum Kirche in die Öffentlichkeit. Es kam zum Engagement im neu gegründeten CDU-Kreisvorstand, im Kreistag und zur Gründung der Frauen-Union in Ilmenau unter meiner Leitung.

Ende 1990 dann wagte ich den sogenannten „Sprung ins kalte Wasser" und wurde Gleichstellungsbeauftragte im damaligen Kreis Ilmenau. Dazu hatte mir Benno Kaufhold, auch von der Technischen Universität oder damals Technische Hochschule, als frischgebackener Landrat Mut gemacht.

Ursula Nirsberger weist darauf hin, dass Benno Kaufhold, ebenfalls ein Absolvent der TU Ilmenau, sie ermutigte, den Sprung von der Wissenschaft in die Politik zu wagen. Auch viele andere Befragte nennen diese persönlichen Verbindungen als einen von mehreren Gründen für ihr Engagement. Das gilt auch für Stephan Hloucal, der letztendlich „trotz zunächst großer Selbstzweifel" in die neu geschaffene Verwaltung wechselte.

Stephan Hloucal

Nach einem Studium der Informationstechnik und Theoretischen Elektrotechnik arbeitet der 1952 in Weißenfels geborene Hloucal im VEB Funkwerk/Mikroelektronik Erfurt.

Gemeinsam mit meiner Frau und unseren vier Kindern bin ich während der friedlichen Revolution des Herbstes 1989 in Erfurt auf die Straße gegangen und politisch aktiv geworden. Wir wollten gemeinsam mit unseren Freunden das DDR-Unrechtssystem beenden, ohne neue sozialistische Experimente. Mein politisches Engagement galt damals dem Demokratischen Aufbruch. Als Mitglied des Erfurter Bürgerkomitees half ich bei der Besetzung und Auflösung der Erfurter Bezirksverwaltung des Ministeriums für Staatssicherheit.

Es herrschte eine irre Aufbruchsstimmung! Wir wollten alles, bzw. vieles neu machen! Schnell wurde klar, dass es nicht nur um freie Wahlen und politische Mandate ging, sondern auch die von SED-Mitgliedern und deren Erfüllungsgehilfen dominierten Verwaltungen mussten verändert werden.

Meine damalige berufliche Tätigkeit als Ingenieur im VEB Mikroelektronik Erfurt endete mit der sogenannten Null-Kurzarbeit im Sommer 1990. Nach der Landtagswahl im Oktober 1990 wurde Dr.-Ing. Klaus Zeh, ein persönlicher Freund von mir, zum Thüringer Finanzminister ernannt, der meine Frau zur persönlichen Referentin berief. Ich erhielt gleichzeitig die Möglichkeit mich in der Thüringer Staatskanzlei zu bewerben, denn auch dort wurden neue, politisch unbelastete Mitarbeiter gesucht.

Obwohl mich zunächst große Selbstzweifel befielen, wurde ich persönlicher Referent des Chefs der Thüringer Staatskanzlei, Dr. Michael Krapp, der von der Technischen Hochschule Ilmenau kam. Als im Frühjahr 1992 Bernhard Vogel zum Thüringer Ministerpräsidenten gewählt wurde, wechselte ich in das Thüringer Kultusministerium, wo ich sechs Jahre lang das Ministerbüro von Kultusminister Dieter Althaus leitete.

Von 1990 bis 1998 durfte ich in der obersten Landesverwaltung an exponierter Stelle sowohl an strukturellen, als auch an gesetzgeberischen Entscheidungen mitwirken. Zunächst galt es 1990/91 viele alte, ideologisch belastete SED-Systemträger aus der ehemaligen DDR-Bezirksverwaltung aus der Thüringer Staatskanzlei zu entfernen. Ebenso konnte die Überprüfung aller Mitarbeiter der Thüringer Staatskanzlei und der Ministerien auf eventuelle offizielle oder inoffizielle Mitarbeit für das ehemalige Ministerium für Staatssicherheit der DDR auf den Weg gebracht werden.

In dieser Zeit erhielt ich im Dienst mehrfach telefonische Morddrohungen. Es war eine sehr emotional aufgewühlte Zeit. Für mich war alles neu. So lernte ich Strukturen und Wirkungsweisen des demokratisch verfassten Rechtsstaats von innen her kennen, ohne Vorwissen bzw. ohne ein Verwaltungshochschulstudium absolviert zu haben. Von den damals aus Hessen und Rheinland-Pfalz kommenden Verwaltungshelfern konnte ich sehr viel lernen. Das war allerdings oft auch ein gegenseitiger Austausch, den in mancherlei Hinsicht konnte ich meine spezifisch ostdeutsche Sicht der Dinge und Erfahrungen vermitteln.

Etwa ab 1996 befand sich die Landesverwaltung in einem gewissen „eingeschwungenen“ Zustand bei weiter gleichbleibend hohem Engagement der Mitarbeiter. Die interessante Aufbauphase der Thüringer Landesregierung war vorbei.

Ganz zentral - und dies gilt es zum Abschluss dieses Kapitels zu betonen - war für alle Befragten der Wunsch nach Demokratie und der Überwindung des SED-Systems. Für die allermeisten, aber nicht für alle, bedeutete das letztendlich, einer Partei beizutreten.

Manche wie der spätere Saalfelder erster Beigeordnete des Landrats Wolfgang Dütthorn und der langjährige Fraktionschef der CDU im Thüringer Landtag, Jörg Schwäblein, traten deshalb schon zu DDR-Zeiten in eine der so genannten Blockparteien ein. Andere entschieden sich während der friedlichen Revolution dafür wie der spätere stellvertretende thüringische Ministerpräsident und SPD-Chef Gerd Schuchardt oder Tigran Schipanski, später Dezernent im Landratsamt Ilmenau. Seine Gattin, die thüringische Wissenschaftsministerin Dagmar Schipanski, hingegen trat erst nach ihren politischen Ämtern und ihrer Kandidatur als Bundespräsidentin in eine Partei ein. Hier sind ihre Berichte:

Wolfgang Dütthorn

Der spätere Saalfelder Stadtrat, Leiter des dortigen Amtes für Wirtschaftsförderung und 1. Beigeordnete studierte von 1970 bis1974 an der Technischen Hochschule Ilmenau Informationstechnik und theoretische Elektrotechnik.

Unser Studium war noch geprägt von selbständigem Arbeiten und Lernen. Nach Abschluss des Studiums als Diplomingenieur begann ich meine berufliche Laufbahn im Saalfelder Zeissbetrieb als Betriebsorganisator. Diese Tätigkeit hatte zwar nicht viel mit meinem Studium zu tun (mein ursprünglicher Einsatz im Bereich Elektronik wurde in den Bereich Organisation und Datenverarbeitung „umgelenkt"), erwies sich aber für meine späteren Tätigkeiten als äußerst nützlich.
Ich musste mich in teilweise unbekannte Themengebiete einarbeiten, lernte den Betrieb und die Organisationsabläufe kennen und musste Prozesse eigenverantwortlich entwickeln und steuern. In meiner darauffolgenden Tätigkeit als Leiter der Datenverarbeitung/des Informationszentrums kamen mir diese Erfahrungen und die Kenntnisse meines Studiums gleichermaßen zu Gute.

Mein politischer Weg begann mit meiner Mitgliedschaft in der CDU im Jahr 1975, also ein Jahr nach meinem Start in das Berufsleben. Die politische Tätigkeit in einer Ortsgruppe der CDU war sehr minimalistisch und glich eher der eines Vereins als der einer politischen Partei. Wichtiger war die Erfahrung, dass es in dem sozialistischen System auch Andersdenkende gab, mit denen man seine Meinung und Gedanken austauschen konnte.

Erfahren musste ich allerdings auch, dass eine so genannte Blockpartei und deren Mitgliedschaft überhaupt nicht gewollt war. Ich erfuhr in dem sozialistischen Großbetrieb „Carl Zeiss“ eine Reihe von Repressalien, Nachteilen und Demütigungen.

Die politische Wende und die darauffolgende Wiedervereinigung war für mich deshalb eine glückliche Fügung. Ich setzte alles daran, dass es kein neues Experiment „Sozialismus“ gibt.

Nachdem ich meinen Bereich im Zeissbetrieb ordentlich abgewickelt hatte, wechselte ich im Januar 1992 in das Landratsamt Saalfeld, kurzzeitig als persönlicher Mitarbeiter des Landrates, dann als Amtsleiter für Wirtschaftsförderung, später Kreisentwicklung. In dieser Funktion war meine technische Ausbildung und meine Erfahrungen in der Wirtschaft ein besonderer Vorteil, besonders bei Verhandlungen und Gesprächen mit Vertretern der Wirtschaft und des Tourismus.

Parallel wurde ich Mitglied im Saalfelder Stadtrat, fungierte dort als Fraktionsvorsitzender und als 2. (ehrenamtlicher) Beigeordneter. Im Jahr 2006 kündigte ich meine (sichere) Verwaltungsstelle im Landratsamt und übernahm die Wahlfunktion des 1. Beigeordneten in der Stadt Saalfeld, die ich bis zur Versetzung in den Ruhestand ausübte.

Jörg Schwäblein

Der Zella-Mehliser ist aus „Opposition zum Elternhaus und zum Regime (....) 14 Tage vor dem Abitur in die Ost-CDU eingetreten“. Er fällt immer wieder mit dem auf, was er seine „Widerstandsgeschichte“ nennt. Nach einer

Ausbildung als Werkzeugmacher studiert er Physik und Technik elektronischer Bauelemente an der TU Ilmenau. Der Diplom-Ingenieur ist zu Zeiten der friedlichen Revolution seit 1974 Entwicklungsingenieur im Funkwerk Erfurt.

Bei der demokratischen Erneuerung der Ost-CDU war ich gut dabei und in der Vorbereitung der Gründung des Landes Thüringen war ich dann sehr engagiert. Dann gründete sich ganz schnell der erste Landesverband der CDU wieder. Ich glaube, am 20. Januar 1990 zeitgleich mit dem Demokratischen Aufbruch.

Ich war zum damaligen Zeitpunkt noch nicht für eine ganz schnelle Wiedervereinigung. Erst mal sollten wir dieses Land in Ordnung bringen. Es ist beschämend, einfach nur aufzugeben und zu sagen, wir sind kaputt, übernehmt uns. Lasst uns das Land wieder aufbauen, lasst uns natürlich die Grenze offen halten und ganz eng zusammenarbeiten, aber nicht sofort die Wiedervereinigung. Wir wollen nicht hier als verarmter, zerlumpter Vetter aufgenommen werden.

Das hat dazu geführt, dass man mich nicht für die Volkskammer nominiert hat. Also mit meiner Widerstandsgeschichte, da gibt es ja wenige davon zumindest hier in der CDU im Bezirk Erfurt, hätte ich dann nun alles werden können. Aber wegen der Haltung, nicht sofort die Wiedervereinigung zu wollen, bin ich nicht für die Volkskammer nominiert worden.

Später bildete sich der politisch beratende Ausschuss in Vorbereitung des Landes Thüringen. Das hatte der Bezirkstag noch initiiert. Parallel dazu hatte der damalige Ministerpräsident Lothar de Maizière Landesbeauftragte eingesetzt. Für den Bezirk Suhl war es Werner Ulbrich, der ist später dann Landtagsabgeordneter geworden. Für Erfurt wurde es Josef Duchač, und ich war Mitglied dieses politisch beratenden Ausschusses geworden. Uwe Ehrich, der Vorsitzende des politisch beratenden Ausschusses, war Landesvorsitzender CDU, doch dann holte ihn seine Vergangenheit ein und seine Stellvertreterin, Christine Lieberknecht, war nicht Mitglied des politisch beratenden Ausschusses.

So kamen sie auf mich zu. Dann habe ich die Sitzungen des politisch beratenden Ausschusses geleitet, meine erste richtige parlamentarische Erfahrung. Trotz meines Drängens und meiner Ungeduld habe ich es offensichtlich nicht zum Missfallen aller getan. Da hatte mich auch dort Duchač erlebt. Und deshalb sprach er mich dann einen Tag nach der Landtagswahl plötzlich an, ob ich mir vorstellen könnte, Fraktionsvorsitzender zu werden.

Prof. Dr.-Ing. Benno Kaufhold

Der Thüringer unterrichtet als Dozent für Informationstechnik an der TU Ilmenau, als die friedliche Revolution beginnt.

Bis zur politischen Wende im Oktober 1989 war ich in keiner Partei der ehemaligen DDR politisch tätig. In der Vorbereitung des Wahlkampfes der CDU Ende 1989 auf die erste frei zu wählende Volkskammer im Frühjahr 1990 wurde ich vom damaligen Kreisvorsitzenden Prof. Reinisch auf ein Engagement in der CDU des Kreises Ilmenau angesprochen, um gegebenenfalls als Kandidat für die Volkskammer aufgestellt zu werden.

Dies habe ich damals auch mit Blick auf meine große Familie und die Kinder abgelehnt – Frau Claudia Nolte, auch Absolventin der TU Ilmenau, ist dann in die Volkskammer eingezogen. Ich habe aber meine grundsätzliche Bereitschaft zur Mitwirkung bei der Gestaltung der neuen demokratischen Gesellschaft erklärt. Im Februar 1990 bin ich Mitglied der CDU geworden und habe mich als Spitzenkandidat für die Kreis-CDU nominieren lassen. Über die Konsequenzen bei einem Wahlerfolg als künftiger erster frei gewählter Landrat des Kreises Ilmenau war ich mir damals nicht im Klaren.

Die Motivation aus der Wissenschaft an der TH Ilmenau auszusteigen und in die Kommunalpolitik zu wechseln war das Erfordernis nach 40 Jahren SED-Politik: „Neue Leute braucht das Land“ und „Freunde helfen

Freunden". Viele Christen aus der evangelischen und katholischen Kirchgemeinde Ilmenau sind diesem Motto gefolgt mit dem Blick auf „Suchet der Stadt Bestes". Mein Blick galt insofern dem Blick „Suchet des Kreises Bestes!".

Ich wurde im Mai 1990 vom Kreistag zum Landrat des Kreises Ilmenau gewählt und verließ meinen Arbeitsplatz an der Technischen Hochschule Ilmenau als unbefristeter wissenschaftlicher Mitarbeiter für Forschung und Lehre.

Meine drei wichtigsten Ziele als Landrat des Kreises Ilmenau waren die Begleitung des wirtschaftlichen Strukturwandels durch den Zusammenbruch der Planwirtschaft in Ilmenau und Umgebung und Gestaltung einer künftigen technologieorientierten Ausrichtung der klein- und mittelständisch geprägten traditionellen Industrie, mit der Technischen Hochschule Ilmenau als Motor. Zweitens war mir wichtig, unter Ausnutzung aller Möglichkeiten, die sozialen Auswirkungen für die unverschuldet in Arbeitslosigkeit geratenen Bürgerinnen und Bürger abzufedern – und sei es auch durch solche Maßnahmen wie beispielsweise die Gründung von Beschäftigungsgesellschaften.

Außerordentlich bedeutend war auch die Umgestaltung des sozialistisch geprägten Schulsystems zu einem gegliederten, modernen Bildungssystem mit Grund-, Regelschulen, Gymnasien, Berufsschulzentren und Sonderschulen für benachteiligte Kinder in unserer Gesellschaft. Zu diesem Themenkreis gehören auch der Aufbau der Volkshoch- und Musikschulen, die Übernahme des Ilmenau-Kollegs als zweiten Bildungsweg sowie die enge Zusammenarbeit mit der Technischen Hochschule Ilmenau.

Prof. Dr. Christoph Schnittler

Der gebürtige Ilmenauer studierte Physik an der Friedrich-Schiller-Universität Jena und kam dann zur Promotion zurück in seine Heimatstadt. 1969 habilitierte er sich an der Technischen Hochschule Ilmenau, 1987 wurde er zum außerordentlichen Professor ernannt. Schnittler war der erste Dekan der neu gegründeten Fakultät für Mathematik und Naturwissenschaften an der TU Ilmenau.

Nach dem Zusammenbruch des SED-Regimes bedurfte es in den neuen Ländern eines vollständigen und umfassenden Neubeginns: politisch, geistig und wirtschaftlich. An dieser schwierigen Aufgabe wollte ich aktiv mitwirken. Die FDP erschien mir hierfür die geeignete, weil am meisten sachorientierte und ideologiefreie Partei. In ihr fand ich eine politische Heimat und zog für sie 1992 als Nachfolgekandidat in den Deutschen Bundestag ein.

Mir musste es zunächst darum gehen, das in der alten Bundesrepublik bewährte System der parlamentarischen Demokratie und der sozialen Marktwirtschaft kennenzulernen und zu verstehen. Auf dieser Basis wollte ich, durchaus auch mit meinen Erfahrungen aus der ehemaligen DDR, die Transformation der neuen Länder in einer Weise mitgestalten, dass die damit verbundenen Lasten für die Bürger erträglich blieben und eine wirkliche innere Einheit unseres Landes möglichst rasch erreicht werden konnte. Schließlich sah ich als Wissenschaftler ganz besonders die Neugestaltung des Hochschul- und Wissenschaftssystems in der ehemaligen DDR als mein Anliegen an.

Tigran Schipanski

Nach fast zwei Jahrzehnten im VEB Kombinat Technisches Glas Ilmenau empfindet der Diplomingenieur für Elektromaschinenbau den Mauerfall als „Befreiungsschlag, der mich zu neuem Leben erweckte“.

Ende der 80er Jahre war das wirtschaftliche und politische System der DDR am Ende. Die Missstände waren bekannt, aber sie wurden nicht öffentlich benannt. Man konnte über die Misswirtschaft reden, hatte aber keine Einflussmöglichkeiten zur Veränderung. Der Mauerfall war ein Befreiungsschlag, der mich zu neuem Leben erweckte. Habe ich vorher das sozialistische System abgelehnt, ich war bis 1989 kein Parteimitglied, so war es für mich ein „Muss" jetzt aktiv zu werden. Ich bin Mitbegründer des Demokratischen Aufbruchs in Ilmenau und habe mich am 6. Mai 1990 zur Kommunalwahl gestellt.

Kurz vor der Wahl stellte sich heraus, dass der DA-Vorsitzende Schnur ein Stasispitzel war und wir haben in einer nächtlichen Aktion die Wahlplakate wieder abgehängt. Die „Allianz für Deutschland", ein Wahlbündnis, in dem sich CDU, DA und DSU vereinigt hatten, erreichte dann ein grandioses Ergebnis: Der Weg war frei. Im Juni 1990 begann ich im Landratsamt Ilmenau als Dezernent für Wirtschaft, Bau und Soziales und wurde im November 1990 in dieser Funktion als 1. Beigeordneter und Stellvertreter des Landrats vom Kreistag gewählt.

Mein erstes Ziel war die Neugestaltung demokratischer Selbstverwaltungsstrukturen und deren personelle Besetzung im Landratsamt Ilmenau. Natürlich waren wir „Neuen" auf diesem Gebiet unerfahren. Unsere langjährige Berufserfahrung und der gesunde Menschenverstand haben unser Handeln maßgeblich bestimmt. Die neu besetzte Spitze der Kreisverwaltung hatte dann folgende Zusammensetzung: Zwei Dr.-Ingenieure und ein Dipl.- Ingenieur von der der TH Ilmenau, ein Dipl.-Ingenieur aus der Wirtschaft, ein Arzt und ein Pfarrer.

Zur Seite gestellt wurden uns Verwaltungshilfen aus Bayern und Hessen, die uns beratend zur Seite standen. Ohne deren Hilfe wären wir nicht so schnell arbeitsfähig geworden. An den Wochenenden haben wir uns Verwaltungswissen und -handeln auf Lehrgängen bei der Regierung von Unterfranken, in Würzburg angeeignet. Unser Motto war: Tagsüber wird regiert, abends und am Wochenende gelernt.

Die Demokratiegestaltung war unsere tägliche Aufgabe. Deshalb mussten personelle Veränderungen im Landratsamt vorgenommen werden:

Hauptamtliche Parteisekretäre und Gewerkschaftsfunktionäre sowie die Mitglieder des früheren Rates des Kreises wurden entlassen, ebenso Mitarbeiter des Staatssicherheitsdienstes. Verschiedene Bereiche, beispielsweise „Handel und Versorgung" wurden abgewickelt. Wir erfuhren erst viel später, dass viele Mitglieder der SED-Kreisleitung noch 1989 in den Rat des Kreises versetzt worden waren, wir fanden also einen aufgeblähten Personalbereich vor, der neu strukturiert und verkleinert wurde. Neue unbelastete Menschen für die Verwaltung zu finden, war sehr schwierig.

Eine lustige Episode aus dieser Zeit: Es klopft an meiner Bürotür und ein früherer Kollege aus dem Glaswerk kommt herein. Er sagte: „Ich wollte nur sehen, dass Du am Schreibtisch sitzt und nicht mehr die alten Genossen."

Dr.-Ing. Gerd Schuchardt

Der an der TU Ilmenau ausgebildete Dr.-Ing. Gerd Schuchardt arbeitet zu Zeiten der Wende seit zwei Jahrzehnten als Experte für Präzisionsmesstechnik im Carl-Zeiss-Forschungszentrum in Jena. 1990 tritt er in die SPD ein.

Auch zu DDR-Zeiten habe ich mich immer als politischen Menschen empfunden. Dies kam darin zum Ausdruck, dass ich eben nicht in eine der DDR-Parteien eintrat, bewusst somit auf Karriere-Möglichkeiten in Leitungsfunktionen verzichtete und ein Studium wählte, das den grösstmöglichen Abstand zum System bot (etwa im Gegensatz zu Jura, Ökonomie, Journalismus etc.). Die friedliche Revolution 89/90 gab mir dann die Möglichkeit des politischen Engagements aus voller Überzeugung und mit dem Selbstbewusstsein, hier einen Beitrag entsprechend meinen Fähigkeiten auch auf politischem und organisatorischem Gebiet leisten zu können.

Prof. Dr.-Ing. Dagmar Schipanski

Nach dem Studium der Angewandten Physik an der TU „Otto von Guericke" in Magdeburg kam die Diplom-Ingenieurin für Angewandte Physik 1967 als Assistentin an die TH Ilmenau, wo sie 1976 promovierte und sich 1985 habilitierte. 1990 wurde sie zur C4-Professorin für Festkörperelektronik berufen und als Dekanin der Fakultät für Elektrotechnik und Informationstechnik der TH Ilmenau gewählt.

Ich bin in den Wirren des 2. Weltkrieges in einem kleinen thüringischen Dorf am Fuße des sagenumwobenen Hörselberges geboren. Mein Vater war Pfarrer in Sättelstädt, aber zu meiner Geburt als Soldat im Krieg, so dass meine Mutter die Gemeindearbeit übernommen hatte. Als ich ½ Jahr alt war, fiel mein Vater bei den Kämpfen in Italien. Meine Mutter zog mit mir in ihr Elternhaus zurück, da das Pfarrhaus an den Nachfolger, Flüchtlinge aus dem Osten Deutschlands, übergeben wurde. Hier, auf dem Bauernhof meiner Großeltern, wurde ich frühzeitig mit der Not der Nachkriegszeit konfrontiert. Flüchtlinge kamen und gingen, viele Menschen aus der Stadt baten um Essen, niemand ging ohne Gaben aus dem Haus. Ich erlebte unbewusst eine still geübte Nächstenliebe, die mich tief geprägt hat.

Mein Großvater wurde nach 1945 ehrenamtlicher Bürgermeister der Gemeinde und hatte somit für ankommende Flüchtlinge Wohnraum zu akquirieren, das zivile Leben wieder in Gang zu bringen und die Verhandlungen mit den Sowjets zu führen. Als Kind verstand ich nicht alles, aber ich spürte die ständige Unruhe und Unsicherheit und das Leid der Menschen, obwohl ich selbst außerordentlich gut in der Großfamilie behütet war.

Meine Mutter heiratete im Jahr 1949 den Ingenieur Wolfgang Gebhardt aus Ilmenau, einem kleinen Städtchen in Thüringen, das dann meine Heimat wurde. Mit Beginn der Schulzeit begann die Diskussion um die Pionierorganisation, der ich nicht beitreten sollte, da wir kirchlich gebunden waren.

In jenen Jahren wurde die sozialistische Propaganda gerade gegen die Kirche intensiv eingesetzt. Für mich war der Glaube an Gott selbstverständlich und gelebte Realität, sodass ich dann auch konfirmiert wurde und nicht zur Jugendweihe ging. Das bedeutete alles eine frühzeitige Konfrontation mit politischen Fragen, die mich ein Leben lang begleitete.

So wurde mein Großvater 1953 verhaftet und beschuldigt, das Ablieferungssoll, mit dem jeder Bauer belegt wurde, mit Absicht nicht erfüllt zu haben. Das war ein schweres politisches Vergehen und wurde zu dieser Zeit mit hohen Strafen belegt. Auf diese Weise konnte man sogleich den aufrechten Bürgermeister und Landtagsabgeordneten der Bauernpartei, der von den Sowjets nicht geliebt wurde, aus dem Amt werfen. Nur der Volksaufstand am 17. Juni 1953 rettete meinen Großvater vor langer Haft. Somit spielte die Politik in meiner Familie immer eine sehr große Rolle. Wir diskutierten, wir hörten die Berichte über die Kämpfe am 17. Juni in Berlin, in Halle, in Jena. Selbstverständlich hörten wir nur die Nachrichten der verbotenen „Westsender", den meist gehassten RIAS. Das bedeutete aber auch für mich als Schülerin, dass mein Zuhause eine andere Welt als die äußere war, das bedeutete zugleich Schweigen, Verinnerlichen, viel mit sich selbst abmachen.

Was sich damals bei mir ganz stark ausprägte, war das Gefühl der Ohnmacht und des Ausgeliefert sein. Das verstärkte sich noch bei dem Kampf um den Besuch der Oberschule, der mir als Pfarrerstochter abgelehnt wurde, obwohl ich recht begabt war. Erst der Verweis meines Stiefvaters auf seine Verfolgung im Nazi-Regime, er war als Vierteljude kurz vor dem Abitur von eben jener Oberschule relegiert worden, deren Besuch mir jetzt verweigert wurde, führte zu der sehnlichst erhofften Zulassung für mich. In dieser Zeit habe ich viel über die Grenzen der Verweigerung nachgedacht, über Sinn und Möglichkeiten der Einflussnahme. Ich habe dann versucht, über die Kultur auf das sozialistische Geschehen Einfluss zu nehmen, im Kabarett durch Satire beispielsweise, doch waren auch hier enge Grenzen gesetzt.

Doch Hoffnung gab es immer für mich, begründet im Glauben und auch meine große Jugendliebe, die ich kennengelernt hatte und mit der ich noch heute verheiratet bin. Durch Rückzug in die Privatsphäre entzog man sich der Partei, die immer Recht hatte und überall Einfluss nehmen wollte. Eine solche Zeit des äußeren Drucks und eigener innerer Freiheit erfordert eine starke gegenseitige Stütze in der Familie. Hier war der Ort der freien Gedanken, der freien Rede und der inneren Ruhe, hier konnte man Kraft tanken. Wir debattierten auch mit wenigen, ausgewählten Freunden. Wir alle teilten die Auffassung, dass Aufbegehren sinnlos sei, aber die Anpassung zunehmend schwieriger wurde.

Für mich war meine berufliche Tätigkeit als wissenschaftliche Assistentin ein sehr guter Ausgleich, bei der wissenschaftlichen Arbeit, bei der Vorbereitung von Vorlesungen und Seminaren setzte man sich mit neuen Erkenntnissen und Ergebnissen auseinander. Man führte selbst Experimente durch, konzipierte Messreihen, verglich eigene Schlussfolgerungen mit der Literatur. Hier waren die Gedanken nicht eingeengt, wenn auch die experimentelle Ausstattung begrenzt war. Aber auch hier war der Gedankenaustausch oftmals eine einseitige Strömung, da wir nicht nach dem Westen reisen durften, um an internationalen Konferenzen teilzunehmen und die internationale Literaturbeschaffung zunehmend erschwert wurde.

In diesen Jahren meiner politischen Passivität analysierte ich als Physikerin oft die Situation, aber die notwendigen Schlussfolgerungen prallten an der Mauer, die unser Land durchzog, unbarmherzig ab. So war für mich 1989 eine große Befreiung, als wir auf die Straße gingen, unseren Unmut artikulierten und wir zunehmend von gleichgesinnten Andersdenkenden umringt waren. Es war anfangs ein freudiges Erstaunen, dann ein bewusstes Mittun, die Isolierung zu durchbrechen und letztlich freier Bürger in einem freien Land zu sein.

In jenen Tagen haben mein Mann und ich uns geschworen, uns aktiv einzumischen, das neue Leben zu gestalten und uns nie wieder passiv zu verhalten. Für meinen Mann bedeutete dies den Beitritt zum Demokratischen Aufbruch, einer christlichen Partei, die sich den Wiederaufbau zum Ziel gesetzt hatte, und die Übernahme eines kommunalen Wahlmandats. Für mich bedeutete es, die Umgestaltung meiner Arbeitsstätte, der Technischen Hochschule Ilmenau, zu einer autonomen universitären Bildungseinrichtung mit akademischer Selbstverwaltung, fern von jeglicher parteilichen Einflussnahme.

So habe ich 1989 begonnen, aktiv politisch zu gestalten, wenn ich auch erst Jahre später in die CDU eintreten sollte.

Kapitel 2

Was gelungen ist und worauf wir stolz sind - und unsere Enttäuschungen

Michael Ermrich war in Niedersachsen zu einer Tagung eingeladen, als sein Nachbar ihn ansprach. Kein Wunder, dass es in Ostdeutschland nicht voranginge, wo doch „lauter Veterinäre und Ingenieure an der Spitze der Verwaltungen" seien. Dann fragte der Mann den damaligen Landrat des Kreises Wernigerode nach seinem Beruf. „Ich bin Ingenieur", antwortete Ermrich. Ob sein Nachbar wenigstens peinlich berührt war, weiß Ermrich im Nachhinein nicht mehr zu sagen. „Nun, es gibt auch Ausnahmen", redete der Westdeutsche sich heraus.

Dass die Leistungen von Wissenschaftlern und Technikern, die im Zuge der friedlichen Revolution in die Politik gegangen sind, ganz das Gegenteil von Ausnahmen sind, zeigen die vielen Erfolgsgeschichten unserer Befragten. Auch in diesem Kapitel können wir nur einige stellvertretend präsentieren, da sonst der Umfang eines Buches gesprengt werden würde.

Dr.-Ing. Michael Ermrich

Nach der friedlichen Revolution arbeitet Ermrich bis 1992 als Oberkreisdirektor des Landkreises Wernigerode und dann als Landrat im Landkreis Wernigerode. Seine Erinnerungen basieren auf einem von ihm 2016 gehaltenen Grußwort „25 Jahre Wiedereröffnung der Brockenbahn" und einem Interview im Juni 2020.

Wiedereröffnung der Harzer Brockenbahn

Als der Brocken einen Tag nach dem Mauerbau am 14. August 1961 für DDR-Bürger geschlossen und der Personenzugverkehr eingestellt war, war ich acht Jahre alt. Später habe ich es einmal geschafft, für meinen Betrieb für Reparaturarbeiten beruflich auf den Brocken zu kommen. Als russischer Soldat verkleidet bin ich damals hochgefahren.

Der Brocken wurde zum Symbol der Trennung von Heimat und zum Sehnsuchtsberg der Deutschen - unerreichbar für Ost und West. Deshalb war für uns Harzer der eigentliche Fall der Mauer der 3. Dezember 1989. Denn damals fiel die Brockenmauer. Ich war dabei an jenem herrlichen Wintertag und bin von Ilsenburg aus mitgegangen.

Und klar war auch, dass alles getan werden musste, um die Brockenbahn wiederzueröffnen. Die Reichsbahn hatte kein Interesse am Betrieb eines Schmalsspurnetzes und damit auch nicht an der Reparatur der Brockenstrecke. Die letzten drei Kilometer hoch zum Brocken hatten die Grenzer beispielsweise mit Betonschwellen ausgelegt, so dass die Wanderer hier das Gleisbett benutzten.

Es gab einen privaten Interessenten, aber der wollte nur das Sahnestück hoch zum Brocken kaufen und nicht das gesamte Streckennetz von insgesamt 154 Kilometern unterhalten.

So schlugen die vielen Eisenbahnfans Alarm und der damalige ehrenamtliche Landrat Dr. Heuck und ich machten uns an die Arbeit. Uns war klar, dass wir das Netz aus der Reichsbahn herauslösen mussten, wenn wir es erhalten wollten. Als Träger der Schmalspurbahn kamen eigentlich nur alle Städte, Gemeinden und Landkreise entlang des Netzes in Frage. Sie allein aber hätten die Instandsetzung niemals finanzieren können, so dass wir noch die Länder Thüringen und Sachsen-Anhalt in das Projekt holen mussten.

So habe ich am 07. März 1991 zu einem ersten Treffen potentieller Interessenten nach Wernigerode eingeladen. Schon wenige Tage später konnten wir am 13. März eine Gesellschaft bürgerlichen Rechtes gründen, die berechtigt war, Fördergelder für die Instandsetzung zu bekommen. Bei der Verteilung der Anteile ging es zu wie auf einem Basar. Zwei Prozent blieben übrig, die dann schlussendlich der Landkreis Wernigerode übernahm und so mit 22 Prozent zum größten Gesellschafter wurde. Meines Wissens gibt es nirgends in Deutschland eine ähnliche Konstruktion zum Erhalt eines technischen Denkmals.

Aus ersten Gespräche mit dem damaligen Ministerpräsidenten Sachsen-Anhalts Gerd Gies und seinem Wirtschaftsminister Dr. Horst Rehberger sowie dem damaligen Vorstand der Deutschen Reichsbahn Peter Münchwander wusste ich, dass wir zumindest für die Brockenstrecke auf Fördermittel in Höhe von 90 Prozent der Kosten hoffen konnten.

Um die Wanderer aus dem Gleisbett zu bekommen, war der Bau eines neuen Goetheweges erforderlich. Dieser wurde mit Arbeitsbeschaffungsmaßnahmen unter Anleitung fachkundiger Firmen fertig gestellt. Ein Problem war, dass sich aus dem Bereich des Umweltschutzes und des Nationalparks großer Widerstand gegen die Reparatur der Brockenstrecke regte. Doch es konnte erfolgreich festgestellt werden, dass die Strecke nie stillgelegt und entwidmet wurde.

So ging alles ganz schnell: Wir hatten ein Ziel und haben gemeinsam nach Lösungen gesucht. Viele, viele Unterstützer und Helfer waren mit dabei. Auch die Bürokratie trat zu fast 100 Prozent in den Hintergrund. Fördermittelanträge wurden, wenn man sie überhaupt so nennen kann, in Magdeburg auf einem Heizkörper unterschreiben.

Nachdem die Gesellschaft am 13. März 1991 gegründet war, hatten wir schon am 17. Juni den ersten Förderbescheid bekommen. Damit konnte die Reparatur starten. Und bereits am 15. September 1991 ist der erste Zug wieder die Strecke zum Brocken hochgefahren.

Das war ein Fest! Tausend begeisterte Menschen begleiteten die ersten beiden Personenzüge zum Brocken. Beginnend in Wernigerode säumten sie die gesamte Strecke. Ich habe in meiner gesamten Dienstzeit nie wieder ein solch emotionales Ereignis erlebt. Auf dem Brocken mit tausenden Wanderern war Freude pur und es erklang die Nationalhymne.

Mit einem Transparent begrüßten die Erstbesteiger vom 3. Dezember 1989 die Erstbefahrer im ersten Sonderzug, der von einer Molletlokomotive von 1898 gezogen wurde. Die Triebfahrzeugführer der beiden Sonderzüge waren Herr Schenkel und Herr Freistein. Letzterer fuhr 1961 den letzten Personenzug zum Brocken.

Wer den 3. Dezember 1989 und den 15. September 1991 erlebt hat, weiß, welche Bedeutung für den Harzer der Brocken und seine Brockenbahn haben. Jetzt konnten auch die Nichtwanderer ihren geliebten Brocken wieder erreichen.

Der planmäßige Fahrbetrieb wurde dann am 1. Juli 1992 aufgenommen. Im Dezember übergab das Land Sachsen-Anhalt die Bau- und Betriebsrechte an die Harzer Schmalspurbahnen (HSB). Die Übergabe des gesamten Netzes folgte dann am 1. Februar 1993.

Die Harzer Schmalspurbahn ist heute Tourismusattraktion, technisches Denkmal und Nahverkehrsmittel. Für uns im Harz aber ist sie vor allem das Herz unserer Heimat - oder wie es Heinrich Heine in seiner „Harzreise“ 1824 geschrieben hat:

„Der Berg ist ein Deutscher“.

Dr.-Ing. Uta Rensch

Uta Rensch forscht als Dr.-Ing. für Elektronik-Werkstofftechnik seit Jahren an der Bergakademie Freiberg, als sie gefragt wird, ob sie als Oberbürgermeisterin der Stadt Freiberg in Sachsen kandidieren will. 2001 wird sie als erste Frau in der über 800-jährigen Geschichte der Silberstadt gewählt.

Sanierung von Schloss Freudenstein

Am Telefon könne er darüber nicht reden, meinte der Rektor der Technischen Universität Bergakademie Freiberg, er wolle sich treffen. Wenig später stand Professor Dr. Georg Unland dann im Dienstzimmer der Freiberger Oberbürgermeisterin Uta Rensch. Er könne eine „ganz tolle Sache an Land ziehen, brauche dazu aber die Hilfe der Stadt“, sagte er der promovierten Ingenieurin für Elektronik-Werkstofftechnik.

Rensch war damals etwas mehr als ein Jahr Oberbürgermeisterin ihrer Heimatstadt. Nach über zwei Dekaden in der Forschung hatte sie sich 1999 überreden lassen, für die SPD bei der Gemeinderatswahl zu kandidieren. Nur zwei Jahre später wurde die Quereinsteigerin zu ihrer eigenen Überraschung als Oberbürgermeisterin gewählt. Sie selbst hatte sich kaum Chancen eingeräumt: „Freiberg war politisch konservativ und männlich geprägt. Eine Frau an der Stadtspitze, das erste Mal in ihrer 800-jährigen Geschichte?“

Kaum gewählt, kam es dann auch gleich knüppeldick: Mit zwar legalen, aber in höchstem Maße unseriösen Verträgen war die Städtische Wohnungsgesellschaft und damit auch die Stadt an den Rand der Zahlungsunfähigkeit geraten. Im August 2002 verwüstete das Jahrhunderthochwasser die Freiberger Mulde. Doch Rensch war angetreten, weil sie sich gesellschaftlich engagieren wollte: „Nach der Wiedervereinigung gab es noch eine Menge zu tun. Auch verliefen in Freiberg nicht alle Entwicklungen so, wie sich das viele, ich inklusive, mir vorgestellt hatten.“

Nun bot sich mit dem Anliegen von Rektor Unland eine einmalige Chance: Die gebürtige Sächsin, Hobby-Mineralogin und Miterbin des Kosmetikkonzerns Wella, Dr. Erika Pohl-Ströher, sei geneigt, ihre in 60 Jahren aufgebaute Mineralien-Sammlung der TU Bergakademie als Leihgabe zur Verfügung zu stellen. Das sei eine Weltklasse-Sammlung, schwärmte Unland Oberbürgermeisterin Rensch vor, eine der bedeutendsten und wertvollsten privaten Mineraliensammlungen der Welt. Doch die Voraussetzung für die Leihgabe sei natürlich eine repräsentative Unterbringung, so der Rektor.

Noch gab es in Freiberg eine Reihe von Baulücken in der Innenstadt. Rensch und Unland war jedoch von Anfang an klar, dass dieses Projekt nicht ohne die sächsische Staatsregierung angegangen werden konnte. „Wir nahmen Kontakt zu dem zuständigen Staatssekretär und späteren Innenminister Dr. Albrecht Buttolo auf“, erzählt Rensch: „Ihm war auch dran gelegen, dass die Städte weiter saniert und aufgewertet wurden.“

Also entstand ein Plan für eine Lückenbebauung in der Freiberger Innenstadt. So richtig gefallen hat es dann aber weder der Oberbürgermeisterin noch dem TU-Rektor: „Rein räumlich war das doch ziemlich beengt, und auch nicht so repräsentativ“, erinnert sich Rensch.

Die beiden gingen die Optionen nochmals durch. Schon beim ersten Gespräch hatten sie sich auch über Schloss Freudenstein unterhalten, eine historisch außerordentlich bedeutende, aber sehr heruntergekommene Anlage mitten in der Innenstadt.

Sie dokumentiert den einstigen Reichtum, aber danach auch den Verfall der Erzgebirgsstadt: Nachdem im 12. Jahrhundert Silbererz im Gebiet um Freiberg gefunden wurde, strömten die Menschen in die Region und siedelten sich an. Markgraf Otto von Wettin war der erste, der eine repräsentative Burg als Verwaltungssitz bauen ließ. „Sie war als Schutzburg gedacht für die Stadt und mit einer Burganlage ausgestattet“, erzählt Rensch: „Das war angesichts des großen

Silbervorkommens auch notwendig." In der Burg war auch die Münze, alles Silber musste dort abgeliefert werden.

Erst knapp drei Jahrhunderte später nutzte erstmals Herzog Heinrich die Anlage dann auch als Wohnort, als er 1505 Freiberg als Herrschaftsgebiet zugesprochen bekam. Seit 1525 ist sie als Schloss Freudenstein bekannt und gilt als die Wiege der beiden Kurfürsten Moritz und August. „Sie spielten eine entscheidende Rolle in der Geschichte der Wettiner", sagt Rensch.

Als der Freiberger Dom zur Grablege der Wettiner bestimmt wurde, wuchs die Bedeutung des Schlosses weiter und wurde zum Zwischenstopp auf dem Weg zwischen dem Regierungsort Dresden und dem Jagdschloss Augustusburg. So beschloss Kurfürst August, das alte Schloss neu zu gestalten und ließ stattdessen zwischen 1566 und 1577 einen prächtigen Neubau im Renaissance-Stil errichten.

Mit der Konversion von Kurfürst Friedrich August I. (der Starke) zum Katholizismus verloren sowohl der Freiberger Dom als auch das Schloss ab 1697 seine Bedeutung. Die Grablege fand nun in der Dresdner Hofkirche statt. Der russische Zar Peter I. war 1711 der letzte prominente Gast in Schloss Freudenstein - und er bewertete seinen Zustand schon damals als „baufällig". Nach dem 30-jährigen Krieg übernahm das Militär 1784 die Schlossruine und veränderte komplett das Aussehen: Neue Geschosse wurden eingezogen, um Getreide zu lagern. Die Inneneinrichtung wurde völlig zerstört.

Während des Napoleonischem Kriegs wurde das Schloss als Lazarett für über 1000 Menschen genutzt, wie auch wieder nach dem Ersten Weltkrieg. Zu DDR-Zeiten wurde erneut Getreide eingelagert. „Eine richtige Verwendung fehlte aber, es gab kein richtiges Konzept und kein Geld", erinnert sich Rensch an ihre Jugendzeit in der Stadt.

Ab 1986 sei im Keller eine „schöne Gaststätte und ein FDJ-Club" eingerichtet worden. Dennoch seien 1991 eigentlich alle froh gewesen, als der „alte marode Kasten, der triste da stand" (Rensch) in Landesbesitz übergegangen sei. Das Land hat die Anlage schließlich für kleines Geld an einen privaten Investor verkauft, der eine IT-Akademie einrichten wollte. Seitdem aber tat sich nicht viel. „Das war der Zustand, als ich mein Amt angetreten habe", erinnert sich Rensch. „Die Bürger wollten, das wir als Stadt was machen", sagt sie und fügt hinzu: „Die Frage war aber natürlich, was?"

Könnte die Aussicht auf die Weltklasse-Mineraliensammlung nun einen neuen Ansatz für Schloss Freudenstein liefern? Rensch und Unland kamen überein, einen Versuch zu wagen. Das aber bedeutete, wieder beim Land anzuklopfen, mit dem ja bereits die Pläne für die Lückenbebauung in der Innenstadt abgesprochen waren. „Sagen Sie mal, andere Probleme haben sie nicht?", musste sich Rensch dort anhören.

Doch die Oberbürgermeisterin war beharrlich und fragte immer wieder nach. Natürlich auch bei dem privaten Eigentümer, dem Schlossbesitzer. „Ich habe dort vorgefühlt, da war durchaus die Bereitschaft, wieder zu verkaufen", sagt Rensch. Denn die Pläne mit der IT-Akademie lagen offensichtlich auf Eis und es zeichnete sich ab, so Rensch, dass der Eigentümer „im tiefsten Innern doch froh schien, den alten Kasten wieder loszuwerden".

Ihre nächste Hürde war der Stadtrat. „Auf der einen Seite waren alle dafür, dass das Schloss wiederbelebt wurde", berichtet Rensch. Auf der anderen Seite war allen klar, dass die Kosten immens werden würden. „Da kam uns das Innenministerium wieder zur Hilfe und bot EU-Fördermittel an, aber nur, wenn das Schloss in städtischer Hand ist, der Freistaat mit beteiligt ist und das gesamte Quartier als Sanierungsgebiet ausgewiesen und in die städtebauliche Entwicklung einbezogen wird", sagt Rensch.

So kam das Bergarchiv Freiberg ins Spiel: Dessen Chef Raymond Plache hatte sich schon vor längerem an die Oberbürgermeisterin gewandt, weil die 1679 als Registratur des Oberbergamts gegründete Institution aus allen Nähten platzte. Im Bergarchiv wird alles über die sächsische Bergverwaltung und die Montanindustrie bis zur Wende verwahrt - rund 4300 Meter Akten, etwa 60 000 Bergbaukarten (so genannte „Risse") und an die 30 000 Fotos. Auch eine Spezialbibliothek mit rund 21 000 Bänden gehört zu dem Bergarchiv. „Herr Plache wollte eigentlich einen Neubau mit allem, was das Archivwesen braucht", erinnert sich Rensch. Wenn das allerdings auch durch den Umbau von Schloss Freudenstein erreicht werden könne, sei er dabei.

Damit sei das Konstrukt klar gewesen, berichtet die Oberbürgermeisterin: Freiberg kauft das Schloss zurück, die Stadt wird Bauträger. Der Freistaat unterstützt das Vorhaben und setzt sich für EU-Fördergelder ein. 36 Millionen Euro wird die Sanierung und die Förderung des Umfelds schließlich kosten, drei Viertel davon übernimmt die Europäische Union.

Nun musste alles schnell gehen. „Das Innenministerium in Dresden sagte uns, dass die Fördergelder der EU allerspätestens 2008/9 abgerechnet werden müssen", erinnert sich Rensch, „uns blieben also gerade mal vier Jahre für die ganze Planung und Sanierung." Obwohl es für die Stadt schwierig war, ihren Anteil an den Baukosten zu stemmen, gab es große Zustimmung zu den Plänen in der Stadtverordnetenversammlung. Dann aber begannen die Diskussionen: Wie wird saniert, in welcher Form?

„Die Freiberger wollten ihr Renaissance-Schloss wiederhaben", erinnert sich Rensch. Doch die Anlage sah in ihrer damaligen Form eher aus wie eine Festung. Es wäre sehr schwierig gewesen, dort wieder großzügige Renaissance-Fenster einzubauen. Zudem wären sie für den geplanten Zweck nicht geeignet gewesen: Für die Mineralien-Ausstel-

lung mussten die Räume verdunkelt werden. Und für das Bergarchiv waren ohnehin ganz eigene Ansprüche in Sachen Klimatisierung und Bewahrung der jahrhundertealten Akten notwendig.
Schon bedingt durch die EU-Fördergelder wurde also ein internationaler Architekten-Wettbewerb ausgelobt, den ein junges Berliner Büro namens AFF-Architekten gewonnen hat. „Viele in der Stadt empfanden das als Wagnis“, sagt Rensch, „ob die das überhaupt können, so jung wie sie damals waren?“.

Auch die Oberbürgermeisterin macht Druck: „Wir mussten mit den meisten Dingen über den Stadtrat gehen und dort Genehmigung einholen. Um den engen Zeitplan zu halten, habe ich meine Ermächtigung deutlich hochsetzen lassen.“ Damit sei sie ein großes persönliches Risiko eingegangen: „Ich wurde von etlichen gewarnt, überleg dir, ob du das machst“, sagt sie: „Ich habe mich bewusst dafür entschieden, damit wir vorankommen.“

So nahm Rensch an vielen der Bausitzungen selbst teil oder lässt sich darüber berichten. „Das war sehr mühsam und aufwendig, hat mir aber geholfen, dass man mir nicht gezielt in die Parade fahren konnte“, sagt sie. Rensch weiß: „Wäre es nicht gelungen, wäre es schlecht für mich gewesen.“ Nach und nach wurde sie „bis zu einem gewissen Grad“ Baufachfrau: „Ich bin von Haus aus Wissenschaftlerin, also wusste ich, dass ich mich überall einarbeiten kann, auch in die Baumaterie“.

Für das Bergarchiv schlugen die Architekten vor, eine Art Haus im Haus und damit quasi den gewünschten Neubau zu errichten. „Das war eine pfiffige Idee und hat die Frage der Klimatisierung elegant gelöst“, sagt Rensch. Die von der Bevölkerung favorisierten Renaissance-Fenster finden sich jetzt im Innern der Anlage.

„Insgesamt ist uns ein sehr rundes Konzept gelungen“, freut sich Rensch. Es sei ein echtes Gemeinschaftswerk geworden: „Jeder und jede waren wichtig.“ Zudem erwies sich die Sanierung als „Schwungeffekt für die

Revitalisierung des ganzen Viertels“, wie Rensch sagt. Wohngebäude nahe des Schlosses wurden saniert, Geschäfte eingerichtet, Cafés und Gaststätten eröffnet. Ein desolater Stadtteil, wo man ohne Not keinen Fremden durchführte, hat sich zu einem Tourismus-Magneten entwickelt.

Krönender Abschluss der Sanierung war im Oktober 2008 dann die Eröffnung der „terra mineralia“ in Schloss Freudenstein. Bereits 2004 hatte die Stifterin Dr. Erika Pohl-Ströher die „Pohl-Ströher Mineralienstiftung“ gegründet und der TU Bergakademie als Dauerleihgabe zugesagt. Viele tausend Mineralien aus aller Welt, so genannte Stufen, finden sich in der Sammlung. Rund 4000 davon werden in Schloss Freudenstein ausgestellt, knapp eine Million Besucher haben sich die faszinierende Schau bereits angesehen.

Uta Rensch war bei der Eröffnung der „terra mineralia“ schon nicht mehr Oberbürgermeisterin. Im Sommer 2008 hatte sie die Stichwahl verloren. Sie nennt die Sanierung von Schloss Freudenstein heute ihren „wohl größten Erfolg“ - aber auch „die größte Enttäuschung“: „Es ist mit der terra mineralia, eine der weltweit größten Mineraliensammlungen, und dem Bergarchiv ein enormer Besuchermagnet. Aber nicht nur das, die Sanierung war ein Impuls für das gesamte Quartier. Es ist heute als Wohn- und Geschäftsort sehr begehrt. Im Schlosshof finden im Sommer Filmvorführungen, Konzerte und Theateraufführungen statt, im Winter erfreuen sich die Menschen an einer Eislaufbahn. Die Straße zum Schloss hat sich auch Dank aktiver Wirtschaftsförderung zum Einkaufsboulevard der Stadt entwickelt. Auf kaum einem Bild von Freiberg fehlt Schloss Freudenstein. Damit verbunden ist auch die größte Enttäuschung. Auch wenn ich den Mut zur Sanierung dieses enormen Vorhabens aufbrachte und die Verantwortung für das 36 Mio. €-Objekt trug, taucht mein Name immer weniger in diesem Zusammenhang auf. Es bewahrheitete sich wieder einmal: Der Erfolg hat viele Väter!“

Manfred Ruge

wird am 6. Mai 1990 zum Oberbürgermeister in Erfurt gewählt. Damals gelten noch die Gesetze der DDR.

Rettung der mittelalterlichen Altstadt in Erfurt

Keiner wusste bei meiner Vereidigung am 30. Mai 1990, dass schon am 3. Oktober die Wiedervereinigung stattfinden würde. Wir haben uns auf einen längeren Weg eingerichtet.

Was allerdings im Wahlkampf und auch vorher heftig debattiert wurde, war der Erhalt der Erfurter Altstadt. Neben dem Willen zur Veränderung gab es bei den Erfurter Bürgern einen großen Willen, die Altstadt zu retten. Sie sollten eigentlich abgerissen werden.

Hinter der alten Uni und der Krämerbrücke sollten neue innerstädtische Plattenbauten entstehen, das war Planstand der 1990er Jahre. 95 Prozent der Bewohner waren schon ausgezogen. Die rund 30 Hektar große Altstadt wurde systematisch leegezogen. Teilweise wurden sogar absichtlich Dächer abgedeckt, damit es reinregnete.

Doch bei den Donnerstagsdemos zwischen Oktober 1989 und Januar 1990 gab es neben Protest und dem Ruf nach Veränderung „Wir sind das Volk", „Wir sind ein Volk" auch den großen Ruf „Rettet die Erfurter Altstadt". Im Dezember kam es zu einem großen Menschen-Ring um die rund 30 Hektar große Altstadt. „Diese Altstadt wird nicht abgerissen", stand damals auf den Plakaten.

Wir gingen davon aus, dass der größte Teil der Häuser der Stadt Erfurt gehörten. Der Plan war also, die Häuser zu verkaufen, damit sie in Privatinitiative wieder aufgebaut werden konnten. Dann aber kam die Einheit und damit auch der Einigungsvertrag. Der besagte, dass Alteigentum wieder zurückgegeben werden muss.

Wir als Stadt waren also nicht die Besitzer der Altstadt-Gebäude. Gleichzeitig hatten wir aber auch keine Ahnung, wem sie dann gehörten. Und es gab kein Grundbuch wie im Westen, das wir hätten konsultieren können. Die alten Grundbücher wurden in der DDR 1961 geschlossen. Danach stand immer nur drin „Eigentum des Volkes". Alte Grundbücher waren in Barby bei Magdeburg gelagert. Dort bekamen wir eine Woche, um unsere Probleme zu klären. Da ging es um Fabrikgebäude und städtische Einrichtungen - um alte Häuser konnten wir uns da nicht kümmern.

Für die leergezogene Altstadt hieß das, dass wir nicht wussten, wer der Besitzer war. Wir sollten sie aber retten - das war fast wie ein gordischer Knoten.

Wir mussten also einen Rettungsplan entwickeln. So haben wir die Altstadt zum Sanierungsgebiet erklärt und konnten so Fördermittel bekommen. Wir haben die fehlenden Architekten aus dem Westen geholt, nachdem wir uns deren Referenzen haben zeigen lassen. Wir haben jedem 20 bis 30 Häuser der Altstadt gegeben und sie beauftragt, dafür einen Notsanierungsplan zu machen. „Muss der Dachstuhl gemacht werden? Welche Ziegel kommen drauf?" Wir haben das Geld in Häuser gesteckt, obwohl wir nicht wussten, wem die gehören.

Wir haben für jedes Haus eine Art kleines Grundbuch angelegt. Darin haben wir die Beträge festgehalten, die wir für die Sanierung bezahlt haben und das hinterher nach der Rückübereignung mit den Sanierungsbeiträgen verrechnet. So mussten die neuen Eigentümer keine Schwammsanierung etc. machen. Manche Häuser hätten sonst keine weiteren drei, vier Jahre gestanden. Es ging um die Rettung einer der wenigen mittelalterlichen Altstädte in Deutschland.

Innerhalb von fünf Jahren ist es uns gelungen, die Häuser unter denkmalpflegerischen Gesichtspunkten in einen rohbaufähigen Zustand zu versetzen. 1996 konnten wir stolz vermelden, dass die Altstadt gerettet ist!

Dann erst begann die Welle der Rückgabe. Manche der Altbesitzer sagten uns, sie hätten Anspruch auf Denkmalförderung. Wir haben ihnen auf Grundlage der kleinen Grundbücher und der darin notierten Sanierungsarbeiten vorgerechnet, was wir bereits in die denkmalgerechte Sanierung ihrer Immobilien investiert hatten.

Das war das erste Mal, das so etwas in Bundesrepublik gemacht wurde: Wir als Stadt Erfurt haben in Häuser investiert, die uns nicht gehörten. Es war eine Win-Win-Situation für alle Beteiligten. Nicht wenige, die ihre Häuser zurückbekommen haben, haben sich bei uns dafür bedankt. Widerstand der Altbesitzer gab es nur selten, denn die Altstadt stand ja komplett unter Denkmalschutz: So hätten die neuen Besitzer ohnehin die Gebäudehüllen nicht anders bauen können als wir es mit der Notsanierung getan haben, weil sich ja alle mit der Denkmalschutzbehörde ohnehin abstimmen mussten.

Und natürlich waren die Erfurter Bürger glücklich über die Rettung der Altstadt. Erfurt ist aus seinem mittelalterlichen Kern entstanden und wie eine Zwiebel oder ein Baum in Jahresscheiben gewachsen. Wir haben gesagt, wir beginnen unsere Sanierung im Zentrum der Zwiebel und gehen dann nach außen in weiteren Ringen. Damit war gewährleistet, dass außen nichts entstand, was im Inneren schädlich war. Wir haben erst dann zwei Großhandelsflächen zugelassen, als wir wussten, dass wir den Händlern in der Innenstadt damit nicht schaden.

Wir haben millionenschwere Ausschreibungen innerhalb von drei Wochen gemacht, alles war in Ordnung. Das wäre heute leider nicht mehr möglich. Wir haben eine Messe gebaut, ein neues Gebäude für den Mitteldeutschen Rundfunk, eine Eisschnelllauf-Halle und ein Leichtathletik-Stadion. Wir haben uns bei unseren Partnerstädten in Mainz und Essen über verschiedene Firmen und ihre Leistungsfähigkeit und Solidität erkundigt, und dann vergeben - oft auch mit Teilbaugenehmigungen. Die Messe nach 2 1/2 Jahren 1994 fertig. Man könnte heute auf unsere

Erfahrungen zur Beschleunigung der Abläufe zurückgreifen. Man muss die Beschleunigungsgesetze wieder hervorholen.

Bauherr war die Stadt, nichts ging ohne uns. Wir hatten gar nicht so viele eigene Betriebe. Die großen Baukombinate waren am Zerfallen oder wurden von den Großen im Westen übernommen. Es gab viele Handwerksmeister, da haben wir nicht unterschieden, ob sie aus dem Westen oder dem Osten kamen. Schließlich suchten wir händeringend nach Handwerkern. Nach 16 Jahren war die Stadt zu 80 Prozent saniert.

Dr.-Ing. Gerd Schuchardt

Folgender Bericht basiert auf dem Beitrag zur Tagung „20 Jahre friedliche Revolution“ am 19.06.09 im Rahmen des Collegium Europaeum Jenense sowie einem Interview im Juni 2020.

Zeiss Jena und die Wiedervereinigung

Ab Ende 1989 gingen die Rufe „Wir sind das Volk“ in den Ruf „Wir sind ein Volk“ über. Es zeichnete sich ab, dass über kurz oder lang die deutsche Wiedervereinigung auf der Agenda stehen würde. Anfang 1990 wurde diese Aussicht immer realistischer, so dass in Jena neben aller Euphorie auch ein Problembewusstsein hinsichtlich der wirtschaftlichen Konsequenzen für die Stadt und insbesondere die prägenden Unternehmen Zeiss und Jenaer Glaswerk entstand.

Aus Sicht der großen Mehrheit der Belegschaft und der neuen demokratischen Parteien bestand die Gefahr, dass die alten DDR-Führungskader versuchen würden, ihre Führungspositionen zu sichern.

Bei Zeiss wurde das durch zwei Besonderheiten der Carl-Zeiss-Stiftung verschärft. Im Zuge der deutschen Teilung entstanden sowohl im Westen im schwäbischen Heidenheim als auch in Jena eine eigenständige Carl-Zeiss-Stiftung. Beide sahen sich als rechtmäßige Nachfolger der ursprünglich von Ernst Abbe am 19. Mai 1889 in Jena gegründeten Stiftung. In deren Statut standen zwei Essentials: Die Stiftung ist Besitzer der Firmen und sie hat ihren Sitz in Jena. Ersteres sprach für die Zeiss-Stiftung West, letzteres für die Zeiss-Stiftung Ost.

Zwar wurde die Ost-Stiftung in Jena mit staatlichen Mitteln künstlich am Leben erhalten, doch geschah das vor allem, um den Firmennamen und das Warenzeichen zu sichern. Ihrer eigentlichen Aufgabe als Besitzer der Stiftungsbetriebe wurde sie hingegen beraubt, als die Firmen zu Volkseigenen Betrieben (VEB) umgewandelt wurden.

Auch weil es bei der Produktpalette große Überschneidungen gab und die Zeiss-Betriebe auf den Weltmärkten harte Konkurrenten waren, kam es zu einem jahrzehntelangen Streit von den Gerichten der Welt. Manche, wie der Bundesgerichtshof (BGH), erkannten die West-Stiftung als rechtmäßig an, andere die Ost-Stiftung.

Meine und die Befürchtung meiner Mitstreiter war, dass ohne engagiertes Handeln bei einer möglichen Wiedervereinigung automatisch dann auch das westdeutsche BGH-Urteil gegolten hätte. Damit wäre Heidenheim mit seiner Stiftung zum Besitzer aller Firmennamen und Warenzeichen geworden. Jena hätte allenfalls einen Platz als verlängerte Werkbank gefunden. Auf keinen Fall wäre es ein Partner auf gleicher Augenhöhe geworden. Das war die Grundlage für eine damals vielfach zitierte Aussage von mir: „Firmenname und Warenzeichen sind nicht alles, aber ohne beides ist alles nichts" (Thüringer Landeszeitung vom 24.7.90).

Deshalb gründete ich im März 1990 mit vielen Mitstreitern die parteienübergreifende Kommission „Rückführung der Zeiss-Stiftungsbetriebe". Wir hatten zudem die breite Unterstützung der Jenaer Bürgerschaft, die bereits kurz nach dem Mauerfall die Rückgabe des VEB Carl Zeiss an die Stiftung forderte.

Mit den Volkskammerwahlen am 18. März 1990 entstand die demokratisch legitimierte Regierung unter Leitung von Lothar de Maizière. So wandte sich die Kommission sofort nach der Ablösung des Rates des Bezirkes an den Regierungsbevollmächtigten der De-Maizière-Regierung in Gera, also quasi den Vorläufer der künftigen aus Wahlen zu bildenden Landesregierung.

Die Regierungskommission forderte ihn auf, die Rückgabe der Jenaer Stiftungsbetriebe an die Jenaer Stiftung vor der Wiedervereinigung zu gewährleisten und damit die Grundlage des BGH-Urteils für Jena zu unseren Gunsten zu verändern. Denn es lag im Bereich des Möglichen oder zumindest Denkbaren, dass nach dem 03.10.1990 der Gerichtsvollzieher gekommen wäre, um das BGH-Urteil zu vollziehen und Firmennamen und Warenzeichen aus Jena abzuholen. Nur eine rechtmäßige Stiftung war auch Besitzer von Firmennamen und Warenzeichen. Also galt es Fakten zu schaffen.

Leider tat sich die De-Maizière-Regierung sehr schwer mit unserer Forderung. Gleichzeitig haben wir Kontakt sowohl mit der West-Stiftung als auch der baden-württembergischen Landesregierung als Verwalter der West-Stiftung aufgenommen und einen Termin beim damals zuständigen Wissenschaftsminister Klaus von Trotha erbeten. Beide erlebten wir als freundlich, aber knallhart in der Sache und einig in der Aussage: Es gibt nur eine Stiftung, und das ist die Stiftung West.

Leider mussten wir dabei auch erkennen, dass die Gegenseite alle Dokumente hatte, die wir der Regierung de Maizière übersandt hatten. Anscheinend wurde alles sofort an den „damaligen Gegner" weitergegeben. Das empfanden wir in der Parteienkommission natürlich alles andere als Unterstützung.

Das führte zu eskalierenden Auseinandersetzungen sowohl mit der Regierung de Maizière als auch mit der Treuhand. Die wurde mit der Umwandlung der VEB zu Kapitalgesellschaften am 29. Juni 1990 Alleineigentümerin des früheren VEB Carl Zeiss und damit neuer Ansprechpartner der Parteienkommission.

Unterstützt wurden wir hingegen von der Mehrheit der Jenaer Bevölkerung und dem Stadtrat. Dort war eindeutig klar: Wir kämpfen um die Carl-Zeiss-Stiftung. Rund 30 000 Beschäftigte hatte Carl Zeiss in Jena damals, das entsprach rund der Hälfte der arbeitsfähigen Bevölkerung. Mit der Währungsunion brachen dann zum 01. Juli 1990 auch die früheren Märkte von Zeiss Jena zusammen und die wirtschaftliche Lage der Betriebe wurde immer schwieriger.

Gleichzeitig rückte die staatliche Vereinigung am 3. Oktober immer näher. So gingen am 11. September 1990 die Jenaer Bürger erneut auf die Straße und errichteten Protest-Barrikaden rund um Jena. Mit der Parteienkommission hatten wir zudem die Hilfe vieler Volkskammer-Abgeordneter organisiert. Auch der damalige Oberbürgermeister von Jena verbarrikadierte seine eigene Stadt mit. Wir drohten damit, das nahe gelegene Autobahndrehkreuz bei Hermsdorf zu besetzen.

Zwei Tage darauf drehte die Regierung de Maizière endlich bei. Die Volkskammer verabschiedete ein Gesetz, das 20 Prozent des Eigentums der Treuhand an den VEB-Nachfolgern Carl Zeiss Jena GmbH und am Jenaer Glaswerk an die Carl-Zeiss-Stiftung in Jena übertragen hat. Damit waren wir mit der Parteienkommission gut zwei Wochen vor der staatlichen Wiedervereinigung am Ziel: Wir hatten die Fakten verändert, auf denen das BGH-Urteil beruhte. Die Enteignung der Jenaer Betriebe war rückgängig gemacht, die Jenaer Stiftung wieder Eigentümer, zumindest zu Teilen.

Nur so konnten wir gewährleisten, dass wir bei der Wiedervereinigung nicht mit leeren Händen dastanden. Ohne Firmennamen und Warenzeichen-Rechte wären wir nur No-Name-Anbieter geworden und nicht der Leuchtturm, der wir waren. Mit der Rückübertragung eine Woche vor der Wiedervereinigung hatten wir ein gutes juristisches Blatt in den Händen. Das führte dann Ende 1990 und vor allem 1991 zu Gespräche auf Augenhöhe – und schließlich zu der vereinigten „Stiftung Heidenheim-Jena".

Wichtig ist mir auch noch eine Richtigstellung: Niemals wurde seitens der Parteienkommission die Aussage getroffen, dass durch die geforderte Übertragung der Stiftungsbetriebe an die Jenaer Stiftung alle Arbeitsplätze gesichert oder sogar Pensionszahlungen auf West-Niveau umgehend erreicht werden. Immer ging es um die rechtliche Position der Stiftung in Jena, weil die Stiftung Eigentümer von Firmennamen und Warenzeichen ist.

Obwohl die weitere Entwicklung der Zeiss-Betriebe in Jena für die Mitarbeiter noch viele schwere Jahre und persönliche Härten mit sich brachte, ist die Wiedervereinigung der Zeiss-Stiftung aus meiner Sicht ein sehr gutes Beispiel für gelungene Geschichte. Es ist ein Gewinn für beide Seiten. Der Westen hat durch die gewaltigen Potentiale in Jena sowie durch die der großen Universität und der Hochschule Ernst Abbe dazugewonnen.

Die Geschichte der Wiedervereinigung Zeiss Ost und West war konfliktreich, denn es ging um erheblich unterschiedliche Interessenlagen. Aber ich kann heute auch sagen, sie ist bisher sehr erfolgreich verlaufen. Es war mir eine Ehre, dass ich dabei als Initiator der Parteienkommission des Jahres 1990 und Jahre später bis 1999 in meiner Eigenschaft als Thüringer Wissenschaftsminister zusammen mit meinem Kollegen von Trotha aus Baden-Württemberg als Stiftungsverwaltung der nunmehr gemeinsamen Carl-Zeiss-Stiftung meinen Beitrag leisten durfte.

Am 26. Juni 1991 unterschrieben Vertreter der Treuhandanstalt und der Länder Thüringen und Baden-Württemberg eine Grundsatzvereinbarung über den Doppelsitz der Carl-Zeiss-Stiftung in Jena und Heidenheim sowie der Aufteilung der Geschäfte. In Jena sollten vorerst 2800 Arbeitsplätze bei der neugegründeten Carl Zeiss Jena GmbH erhalten bleiben. Eigentümer wurde mit 51 Prozent die Stiftung, das Land Thüringen übernahm 49 Prozent.

Sie wurden von der ebenfalls neu geschaffenen Jenoptik GmbH als landeseigenes Unternehmen verwaltet und 1995 vollständig an die Stiftung verkauft. Die anfangs vom früheren baden-württembergischen Ex-Ministerpräsidenten Lothar Späht geführte Jenoptik wurde Rechtsnachfolger des VEB und unter anderem mit der Strukturentwicklung in Jena beauftragt. 1996 wurde Jenoptik in eine Aktiengesellschaft umgewandelt und zwei Jahre später an die Börse gebracht. Ende 2007 hat der Freistaat Thüringen seinen letzten verbliebenen Anteil an dem Unternehmen verkauft.

Tigran Schipanski

Der Diplomingenieur für Elektromaschinenbau wurde im Zuge der friedlichen Revolution im Juni 1990 zum Leiter des Dezernates Wirtschaft und Bau im Landratsamt Ilmenau berufen. Wenig später wurde er 1. Beigeordneter und Dezernent für Wirtschaft, Bau und Soziales - ein Amt, das er 16 Jahre lang inne hatte.

Vorrang für Investitionen

Als meinen größten Erfolg sehe ich die erfolgreiche Durchsetzung des Investitionsvorranggesetzes zur Klärung von Restitutionsansprüchen in unserem Landkreis Ilmenau an. Damit wurden die Voraussetzung für Investitionen in allen Bereichen (Eigenheime, Geschäftsräume, Fabriken, Schulen, Krankenhäuser, Turnhallen) geschaffen.

Ohne geklärte Besitzverhältnisse gab es keine Kredite, keine Investitionen. Zielführend war die Verabschiedung des Investitionsvorranggesetzes. In diesem war festgelegt, dass Alteigentümer ihre Grundstücke, Häuser oder Altfabriken zurückübertragen bekommen, wenn sie dort neue Investitionen tätigen. Hatten sie keine Investitionsabsichten und wollten nur Spekulationsobjekte sichern, würde der Besitz an diejenigen verkauft und übertragen, die dort Neuinvestitionen tätigen. Der Alteigentümer wurde zu einem späteren Zeitpunkt von der Treuhand entschädigt.

Damit hatten viele Menschen, die Jahrzehnte ihre Geschäfte, Werkstätten oder Wohnungen aufgebaut und unterhalten hatten, ohne den Grund und Boden zu besitzen, die Möglichkeit sich eine neue Existenz aufzubauen und dafür Kredite und Fördermittel zu erhalten. Das Genehmigungsverfahren lief über das Landratsamt. Allein 1994 wurden mehr als 100 Anträge bewilligt mit einem Investitionsvolumen von rund 400 Millionen DM. Das bedeutete zähe Verhandlungen mit den Alteigentümern, den Banken, der Treuhandanstalt und der Wirtschaftsförderung des Landkreises, die aber zum größten Teil erfolgreich beendet wurden.

Johannes Nitsch

Nach Beendigung der Arbeit der Volkskammer gehört Nitsch zu den Abgeordneten, die noch für zwei Monate im 11. Deutschen Bundestag ihre Arbeit fortsetzen. Im 12. Deutschen Bundestag ist er direkt gewählter Abgeordneter und wird stellvertretender Fraktionsvorsitzender der CDU/CSU Bundestagsfraktion und Vorsitzender der Kommission für den Wiederaufbau der Neuen Bundesländer. Nach seiner Wiederwahl 1994 in den 13. Deutschen Bundestag wird er Parlamentarischer Staatssekretär beim Bundesminister für Verkehr.

So gelingt Infrastruktur: Autobahn A 17 Dresden-Prag

Ich bin im VEB Energiebau großgeworden und habe im gesamten Gebiet der damaligen DDR an zahlreichen Hochspannungsleitungen und Umspannwerken mit gebaut. Als Generalauftragnehmer für das gesamte Gebiet der damaligen DDR gehörten alle großen Hochspannungsübertragunganlagen dazu. Es ging also schon damals um große Infrastrukturvorhaben.

Im Bundesverkehrsministerium war die Umsetzung der Verkehrsprojekte Deutsche Einheit eine meiner hauptsächlichsten Aufgaben – insbesondere die Lückenschlüsse der Autobahnen A 2 und A 4 in unser Nachbarland Polen. Ein ganz besonderer Schwerpunkt war der Autobahnbau in das Nachbarland Tschechien. Hier wäre der Baubeginn der Autobahn A 17 (Dresden - Prag) fast verhindert worden. Nur durch mein sofortiges Eingreifen wurde planmäßig im August 1998 mit dem Bau begonnen und damit verhindert, dass nach dem Wechsel der Regierung Ende 1998 dieses Vorhaben vielleicht nie gebaut wurde.

Die Autobahn A 17 ist Teil der paneuropäischen Verkehrskorridore, in diesem Fall des Verkehrskorridors von Helsinki nach Istanbul. In Dresden gab es wegen der Trassenplanung, die teilweise den Stadtraum schneidet, heftigen Gegenwind. Wir wollten die Autobahn so bauen, dass sie gleichzeitig als äußerer Stadtring funktioniert und damit den innerstädtischen Verkehr entlastet. Vor dem Autobahnbau lief der gesamte Lkw-Fernverkehr von Nord- nach Südeuropa und umgekehrt durch das Stadtzentrum Dresdens. Vorbei am Goldenen Reiter und in Hör-und Sichtweite von Semperoper, Hofkirche, Schloss und Brühlscher Terrasse.

Nachdem der Stadtrat mehrfach die stadtnahe Variante als „katastrophalen Einschnitt in die zukünftige Stadtentwicklung" abgelehnt hatte, wurde ein Bürgerbegehren in Gang gesetzt. Einmalig für die ganze Bundesrepublik Deutschland wurde am 5. November 1995 ein Bürgerbegehren über den Trassenverlauf einer Autobahn durchgeführt. Mit einem überzeugenden Ergebnis von 68,5 Prozent haben sich die Bürger Dresdens für die stadtnahe Variante der Autobahn A 17 entschieden.

Trotz des erfolgreichen Bürgerbegehrens ging die Auseinandersetzung über den Bau der Autobahn weiter, auch mit Unterstützung von Bürgern aus weit entfernten Gegenden Deutschlands. Das wiederholte sich ein einige Jahre später beim Bau der Dresdner Waldschlösschenbrücke.

Zurück zur Autobahn A 17. Am 21. August 1998 sollte der Bau mit dem sogenannten ersten „Baggerbiss" beginnen. Ich war Anfang August eine Woche im Urlaub in Polen. Nach der Rückkehr empfing mich meine Mitarbeiterin mit der Botschaft, dass der Termin für den Baubeginn der A 17 vom Bundesministerium aufgehoben sei. Im Zusammenhang mit der für den 27. September angesetzten Bundestagswahl wollte das Ministerium auf eine einstweilige Verfügung gegen den Baubeginn reagieren.

Eine solche Verfahrensweise war sonst aber nicht üblich. Für den nächsten Morgen habe ich dann eine Telefonkonferenz mit den beteiligten Dienststellen angesetzt, es war der 11. August 1998. Nach 45-minütigem Austausch von Argumenten gab es keinen beachtenswerten Grund mehr, den Termin abzusagen. Alle bereits erfolgten Ausladungen mussten wieder rückgängig gemacht werden und am 21. August 1998 konnte der Bundesverkehrsminister Matthias Wissmann den Baubeginn vollziehen.

Es ist unglaublich, was man innerhalb einer Woche erreichen kann, wenn die Voraussetzungen stimmen und die Zusammenarbeit funktioniert. Auch hätte ich nie geglaubt, dass man so viel Einfluss auf die Dinge, die in der Politik gestaltet werden, haben kann, wenn es gelingt den Meinungsbildungsprozess zu beeinflussen und viele Menschen hinter sich zu haben. Dann kann man viel erreichen.

Erika Caesar

Die Ingenieurökonomin der TU Ilmenau hat ein vielfältiges Arbeitsleben hinter sich, als sie 1991 im Alter von 51 Jahren Protokollchefin in der Thüringer Staatskanzlei wird. Sie hat beim VEB Transformatorenwerk Berlin in der Planungsabteilung, danach beim Verlag „Neue Zeit" als Journalistin gearbeitet und dann ein Jahrzehnt als selbstständige Handwerksmeisterin eine Strickerei geleitet.

Goethe und Schiller für das japanische Kaiserpaar

Für mich war schon am 9. November 1989 klar: Jetzt wird alles anders. Ich wollte zurück in meinen alten Beruf als Journalistin. Nach dem Diplom in Ilmenau habe ich ein Fernstudium an der KMU Leipzig absolviert und war zehn Jahre bei der „Neuen Zeit" in Berlin. Dann hatte ich genug von der dem Journalisten zugewiesenen Aufgabe als „Propagandist, Agitator und Organisator" des Sozialismus. Denn auch bei den Mitarbeitern einer Zeitung der Blockparteien wie der „Neuen Zeit" wurde das zunehmend erwartet.

Also habe ich mir ein Handwerk gesucht, wo ich eine Meisterprüfung machen konnte und dann in die Handwerkerrolle kam. Diesen Bereich hat die SED interessanterweise nicht angetastet. Eine Gewerbegenehmigung hingegen konnte jederzeit entzogen werden.

Zwei Handwerke kamen in Frage, die Schlosserei und die Strickerei. Ersteres hätte ich zwar gekonnt, aber der Aufbau einer Schlosserei war zum einen teuer und zum anderen kompliziert. Also habe ich mich auf die Strickerei verlegt, bin dort Meisterin geworden und hatte von 1980 bis 1990 einen Betrieb in Berlin. Geholfen hat mir zweifelfrei das gut ausgebaute System der Erwachsenenqualifizierung in der DDR.

Da jeder in der DDR einen Beruf haben musste, war der Erstberuf oft nicht derjenige, den man sich erhofft hatte. Aber durch die Erwachsenenbildung konnte man im Laufe des Berufslebens dann wechseln, das war hervorragend.

Nachdem ich 1990 wieder als freie Journalistin gearbeitet hatte, wurde ich angesprochen, ob ich nicht ins Amt des damaligen Ministerpräsidenten Lothar de Maizière wechseln wolle. Ich war im Bereich Grundsatzfragen. Dort haben wir Reden geschrieben, die Briefe der Menschen beantwortet, offene Fragen recherchiert.

Wir waren alle Anfänger. Außer mir waren in der Abteilung noch zwei Ingenieure, ein studierter Landwirt und einer hatte Ökonomie studiert. Wir kamen aus den unterschiedlichsten Bereichen, dadurch haben sich unsere Erfahrungen multipliziert.

Wichtig war allein der normale Menschenverstand. Unsere Erkenntnisse haben wir als Hausmitteilungen weiter gegeben, den Begriff Vermerk habe ich erst in Thüringen gelernt. Dort bekam ich dann später auch einen Mitarbeiter aus den Alt-Bundesländern. Der hat andauern danach gefragt, ob wir „da zuständig sind?“. Was für eine Frage, wir waren so wenig. Wir haben einfach gemacht.

Als am 31. Dezember 1990 Schluss mit dem Job war, hätte ich mich in Bonn im Bundeskanzleramt bewerben können. Da mein Mann allerdings schon in Rente war, wollte ich nach Thüringen.

Ich fand die Grundsatzfragen sehr interessant und hätte in der Richtung gern weitergearbeitet. Also habe mich am ersten Arbeitstag im Januar 1991 in den Zug gesetzt und bin nach Thüringen gefahren, um mich vorzustellen. Im Gespräch fiel das Wort ‚Protokoll‘. Ich hatte null Ahnung, was das ist. Auf meine Nachfrage habe ich erfahren, das hätte viel mit Organisation zu tun, vor allem von Veranstaltungen.

Das hat mir gefallen. In dieser Anfangsphase war alles wahnsinnig zufällig und wahnsinnig spannend. Ich empfand Wechsel als nichts besonderes:

Wir haben einfach gemacht. Schließlich hatten wir eine ausgezeichnete Ausbildung und an Flexibilität hat es DDR-Bürgern nie gemangelt: Wenn Sie nicht wissen, ob Sie Rindfleisch oder Schweinefleisch zum Kochen bekommen, müssen Sie einfallsreich sein. Und es ist auch kein allzu großer Unterschied, ob Sie den Durchfluss einer Starkstromanlage planen oder den Besuch eines ausländischen Präsidenten: Das Ziel muss immer Ihren Weg bestimmen.

Als Ingenieur wissen Sie, dass es ein Pflichtenheft braucht, wenn Sie ein neues Produkt planen: Welche Eigenschaften soll es haben, was brauchen Sie dazu? Auf dieses Ziel gehe ich zu. Immer mit Blick auf das Ziel, da kann ich mich nicht verlaufen. Und klar, bestimmte Dinge sind nicht verhandelbar. Denn wer nicht konsequent ist, erleidet Schiffbruch.

Thüringen war ein besonderes Pflaster nach der Wende. Weimar kannte man international, sehr viele Menschen wollten nach Thüringen kommen. Zudem hat das Auswärtige Amt immer darauf geachtet, dass bei Staatsbesuchen eines der neuen Bundesländer besucht wurde. Und da unser Ministerpräsident Bernhard Vogel viel Regierungserfahrung hatte, war Thüringen eigentlich das perfekte politische Umfeld für Regierungsbesuche. Wir haben fast alle europäischen Regierungschefs zu Besuch gehabt.

Einer der Höhepunkte war sicher der Besuch des japanischen Kaiserpaares im September 1993. Kaiser Akihito war zu diesem Zeitpunkt erst vier Jahre im Amt, es war seine erste Europareise als Tenno. Japan war damals wirtschaftlich außerordentlich erfolgreich und wurde für seine Exporterfolge stark kritisiert, wie die Wochenzeitung „Die Zeit“ damals schrieb: „Und warum schickt die Regierung den Tenno nach Europa? ‚Weil wir wollen, dass die Europäer nicht bloß Yamaha und Toyota kennen, sondern auch die japanische Kultur und Geschichte‘, erklärt Takashi Kurai, stellvertretender Direktor der Westeuropa-Abteilung im Außenministerium“[3].

---

3 zitiert nach: https://www.zeit.de/1993/36/der-tenno-soll-gut-wetter-machen/komplettansicht, Zugriff am 4. August 2020

Bei der Planung dieses Besuches habe ich wahnwitzig viel Interessantes gelernt. Klar war, dass es ein Foto des Kaiserpaares vor dem Goethe-Schiller-Denkmal geben musste. Dieses Denkmal ist in fast jedem japanischen Schulbuch abgebildet. Als das japanische Vorauskommando zur Planung kam, sind wir mit Vertretern des Auswärtigen Amtes stundenlang durch Weimar gelaufen.

Abends hatten wir ein Essen organisiert und es wurde ein sehr angenehmer Abend mit den Vertretern des japanischen Hofprotokolls. Sehr erstaunt – und auch etwas beschämt – war ich dann, als die Japaner zu späterer Stunde angefangen haben, deutsche Volkslieder zu singen. Anders als wir Deutschen kannten sie immer alle Strophen der Lieder auswendig. Ich habe das nur bei „Am Brunnen vor dem Tore“ geschafft.

Dr.-Ing. Michael Kummer

Der promovierte Physiker hat in Berlin mitgeholfen, die Stasi aufzulösen. Im November 1990 wechselt er in den Aufbaustab des Bundesministeriums des Inneren. Ab Januar 1992 kümmert er sich im Bundesministerium für Bildung und Forschung in Bonn um das Referat Mikroelektronik.

Silicon Saxony: Die Ansiedlung der Mikroelektronik in Dresden

Die Entwicklung der Mikroelektronik-Industrie war zu Beginn der 1990er Jahre geprägt von der Dominanz amerikanischer und japanischer Unternehmen. In den USA führten Intel und AMD die Entwicklung von Prozessoren und in Japan waren die Hersteller von Speicherchips führend. Europäische Hersteller (Siemens, Philips, SGS Thomson) waren weniger fokussiert und hielten geringere Marktanteile.

Um im globalen Wettbewerb mithalten zu können, war es notwendig, die Technologie der Chipfertigung zu beherrschen und ständig weiter zu entwickeln. Technologietreiber waren wegen ihrer regelmäßigen Strukturen die Speicherchips (dRAM), Siemens betrieb die Fertigung von 4 Mbit-dRAM in Regensburg. Siemens musste die Technologieentwicklung und Fertigung deutlich forcieren, wenn man konkurrenzfähig sein und bleiben wollte.

Nach der Wiedervereinigung bestand in den neuen Ländern erheblicher politischer Handlungsdruck, es mussten schnellstmöglich moderne Technologien und international wettbewerbsfähige Industrien etabliert werden. In dieser Situation waren Bund und Länder motiviert, mit schnellen und unbürokratischen Entscheidungen sowie unter Einsatz öffentlicher Mittel die erheblichen Investitionen der Unternehmen bestmöglich zu unterstützen und Entwicklungsrisiken zu reduzieren.

Siemens hatte verschiedene Optionen geprüft (auch Standorte außerhalb Europas, es gab eine enge Zusammenarbeit mit Toshiba aus Japan und IBM aus den USA). Wichtige Faktoren waren u.a. die Verfügbarkeit von hochqualifiziertem Fachpersonal, ausreichende Verfügbarkeit von führenden Zulieferern in der Umgebung, Schnelligkeit bei Entscheidungen über Grundstückskauf, Baugenehmigung und Infrastruktur, Verlässlichkeit und Berechenbarkeit der politischen und juristischen Entscheidungen sowie finanzielle Unterstützung.

In Deutschland standen als mögliche Standorte zur Verfügung München, Regensburg, Erfurt oder Dresden. Für die beiden letztgenannten Standorte sprach die gravierend bessere Förderung aus öffentlichen Mitteln, wobei Dresden technologisch weiter entwickelt war. Die Entscheidung von Siemens für den Bau der damals sehr modernen und technologisch führenden Chipfabrik in Dresden war die Initialzündung für die Entwicklung Dresdens zu einem international führenden Standort der Mikroelektronik.

Die wesentlichen Meilensteine waren:

12/1993	Entscheidung Siemens über Bau der Chipfabrik in Dresden
06/1994	Grundsteinlegung Siemens Modul 1 und 2
10/1995	first silicon (erster Waferdurchlauf)
12/1995	Entscheidung von AMD zum Bau einer Chipfabrik für Prozessoren in Dresden
05/1997	Grundsteinlegung AMD
11/1998	first silicon
02/1998	Joint venture Infineon/Motorola (SC300) zur Entwicklung der 300mm-Technologie
1999	Ausgliederung Siemens Halbleiter in Infineon Technologies, IPO 2000
09/1999	erste Produktqualifikation auf 300mm-Wafern
05/2000	Grundsteinlegung Modul 3 für Produktion auf 300mm - Wafern durch SC300
12/2001	first silicon SC300 auf 300mm-Wafern
06/2002	Grundsteinlegung Advanced Mask Technology Center

(AMTC) als joint venture von AMD, DuPont Photomasks und Infineon

Seit 1994 sind allein etwa 3 Mrd. € in den Infineon Standort Dresden investiert worden. Zum Start waren etwa 1.200 Mitarbeiter geplant.

Am Standort Dresden und in unmittelbarer Umgebung (Silicon Saxony) sind heute etwa 300 Unternehmen, Forschungseinrichtungen, Hochschulen und Universitäten aktiv.

Der in der Region Dresden erzielte direkte Beschäftigungseffekt stieg nach einer Untersuchung des DIW im Auftrag des Deutschen Zentrums für Luft- und Raumfahrt aus dem Jahre 2002 von etwa 1700 Personen im Jahr 1994 auf über 11.600 Personen im Jahr 2002.

In Sachsen sind nach Angaben des Netzwerks Silicon Saxony[4] heute etwa 2.400 Unternehmen mit insgesamt 64.000 Mitarbeitern in der Informations- und Kommunikationstechnik aktiv.

Weiterführende Informationen sind in der o. g. Studie des DIW[5] enthalten. Diese Untersuchung zeigt auch, dass die staatlichen Einnahmen (Steuern, Sozialversicherung) bis zum Jahre 2010 die kumulierten Fördermittel deutlich überstiegen haben.

Eine Wiederholung dieses überaus erfolgreichen Vorgehens ist wegen der völlig veränderten Bedingungen auf dem Weltmarkt, der gegenwärtig weitaus restriktiveren Anforderungen an Verwaltung und Finanzierungsbedingungen innerhalb der EU und gänzlich anderer Prioritätensetzung der politischen Akteure heute so nicht mehr realisierbar.

---

4 www.silicon-saxony.de/der-standort/

5 Gesamtwirtschaftliche und regionale Bedeutung der Entwicklung des Halbleiterstandorts Dresden – eine aktualisierte und erweiterte Untersuchung, Berlin, 2002

Wie sich die Randbedingungen in der Zukunft entwickeln, bleibt abzuwarten. Es war die äußerst seltene Möglichkeit, die Forschungs- und Technologieförderung mit einer Standortentscheidung für die Investitionen zu verknüpfen und so auch dazu beizutragen, dass die Verwertung der Ergebnisse im Interesse des Steuerzahlers in Deutschland erfolgte.

Ursula Nirsberger

Die gebürtige Rudolstädterin arbeitet seit gut zehn Jahren als Diplomingenieurin für Elektrotechnik im VEB Elektroglas Ilmenau, als die friedliche Revolution beginnt. Es ist unter anderem die Polemik eines Westdeutschen, die sie in die Politik bringt.

Mein Weg zur Frauen- und Gleichstellungspolitik

Eigentlich fühlte ich mich zu „DDR-Zeiten" gleichberechtigt. Ich machte mir deshalb, wie die meisten Frauen, über eine wirkliche Gleichberechtigung wenig Gedanken. Dass das Konzept der Gleichberechtigung in der DDR allein von der Ökonomie bestimmt war, spürte ich besonders nach meinem Antrag auf Arbeitszeitverkürzung im damaligen VEB Elektroglas sehr deutlich. „Ich hätte schließlich studiert und dem Staat viel Geld gekostet. Da müsse man doch seine ganze Arbeitskraft dem Staat zur Verfügung stellen." Ich brauchte aber mehr Zeit für Kinderarztbesuche und wollte auch mehr Zeit mit meinen Kindern verbringen.

Ich fühlte mich in der Zwickmühle. Das Leitbild der DDR war eben die in Vollzeit arbeitende Mutter. Vereinbarkeit von Familie und Beruf war nur eine Worthülse, so wie sich die Gleichberechtigung, die Gleichstellung eigentlich nur auf die Arbeit bezog und nicht auf die gesellschaftlichen Bereiche. Gut, eine gesellschaftliche Beteiligung wollte ich in der DDR auch nicht. Diese kam für mich allein in meiner Kirchengemeinde in Frage, was ich auch mit großer Leidenschaft tat.

In der Zeit des Wiedervereinigungsprozesses, den Wendebegriff mag ich nicht, waren besonders Frauen von den veränderten Lebensverhältnissen betroffen. Sie verloren als Erste ihren Arbeitsplatz und wurden von ihren westdeutschen Schwestern oft als Rabenmütter bezeichnet. Der Hannoveraner Kriminologe und Psychologe Christian Pfeiffer, der mit seiner schlimmen Rede von „vertopften Kleinkindern in den Kinderkrippen"[6] diese Aussage noch befeuerte, war mir und sehr vielen ostdeutschen Frauen ein Dorn im Auge und ein maßgeblicher Ansatz, mich für die Realisierung der Vereinbarkeit von Beruf und Familie einzusetzen. In mir reifte der Gedanke, verstärkt „Lobbyarbeit" für Frauen zu leisten, sie zu motivieren, einen Fuß in der Tür zu haben, sich am gesellschaftlichen Veränderungsprozess zu beteiligen und einzubringen.

Es begann mit der Gründung der Frauen-Union des damaligen Kreises Ilmenau am 12. September 1990 und wurde ganz konkret mit der Unterzeichnung des Arbeitsvertrages zur Anstellung als Familien, Frauen- und Gleichstellungsbeauftragte des Landrates am 28. November 1990. Es war ein Sprung ins kalte Wasser, den ich aber nie bereut habe. Es begann eine der spannendsten Zeiten meines Lebens.

Die Frauen haben sich in der DDR stark über ihre Arbeit definiert. Als nach der friedlichen Revolution so viele Arbeitsplätze abgebaut wurden, hat das auch die Frauen in ganz besonderem Maße getroffen. Die Arbeit war weg, viele Frauen fühlten sich faktisch wertlos. Wer jung war, ist oft in den Westen der Arbeit nachgezogen.

Dass ich eine der Mitbegründerinnen und auch Vorsitzende des Kreisfrauenrings, der sich seit 1992 „Frau AKTIV" e.V. nannte, gewesen bin, macht mich heute noch sehr stolz. Der Verein war u.a. Träger von Frauenbeschäftigungsprojekten und macht auch heute noch seinem Namen alle Ehre. Als Gleichstellungsbeauftragte des damaligen Kreises Ilmenau konnte ich gemeinsam mit meiner geschätzten Kollegin Frau Kielholz, der damaligen Gleichstellungsbeauftragten der Stadt Ilmenau, auf die

---

[6] Pfeiffer postulierte, dass die Erziehung in den DDR-Kinderkrippen - versinnbildlicht durch das gemeinsame „Topfsitzen" - zu höheren Kriminalitätsraten unter ostdeutschen Jugendlichen führe, weil die Kinder dadurch „konformistisch" und nicht individualistisch wie im Westen erzogen werden würden. Seine Thesen wurden außerordentlich kontrovers diskutiert und lösten im Osten heftigen Protest aus. https://www.tagesspiegel.de/kultur/das-toepfchen-und-der-hass/77844.html; https://www.zeit.de/1999/18/Das_Missverstaendnis

Unterstützung unserer Verwaltungen und politischen Gremien zählen, als wir das Frauen- und Familienzentrum in der Langewiesener Straße in Ilmenau 1991 aus der Taufe hoben. Es entstand ein großartiges Netzwerk.

Dieses Netzwerk ist auch heute sehr wichtig, denn die Teilhabe und Partizipation von Frauen lässt in vielen Bereichen und Gremien nach wie vor zu wünschen übrig. Konnte ich anfangs einer Quote insbesondere in der Politik nichts abgewinnen, halte ich heute ein Paritätsgesetz für sehr realistisch, um den Anspruch auf Mitbestimmung und Mitgestaltung einzufordern.

Michael Pabst

Michael Pabst ist eigentlich mit „Leib und Seele Mikroelektroniker“, das hat er an der TU Ilmenau studiert und danach als Entwicklungsingenieur für rechnergestützte Messtechnik im VEB Antennenwerk Bad Blankenburg umgesetzt. Dann aber kommt Sommer und Herbst 89 und da muss er „dabei sein: Demos und Friedensgebete und den Runden Tisch“ organisieren. So war der Weg in die Stadtverordnetenversammlung und zur Kandidatur als hauptamtlicher Bürgermeister fast zwangsläufig. Von Mai 1990 bis Juni 2006 ist Pabst hauptamtlicher Bürgermeister von Bad Blankenburg, einer Kleinstadt mit rund 7000 Einwohnern in Thüringen.

Stadterneuerung Bad Blankenburg

Die freien Wahlen im Mai 1990 waren die „Sternstunde der Demokratie“. Entscheidungen im Stadtrat waren meist getragen von dem Willen, das Leben in der Stadt zu verbessern und wurden größtenteils von der Bürgerschaft akzeptiert.

Natürlich waren auch die Volkskammerwahlen freie Wahlen. Aber die Kommunalwahlen waren das, was für den Bürger und die Bürgerin spürbar war. Sie ermöglichten eine ganz andere Reputation für die Gewählten, ein ganz anderes Ansehen und Respekt im Volk.

Die 1990er Jahre waren die effektivsten Jahre: Da ist was geschehen, was die Leute noch nie gesehen haben. Und sie hatten noch nicht vergessen, wo sie hergekommen sind - nämlich weitestgehend maroden Wohnsituationen, kaputten Straßen, oftmals schlechten Umweltverhältnissen und einer sozialistischen Zentralverwaltung.

Wir mussten erst mal eine Problemanalyse machen und lernen demokratisch zu regieren. Was geht überhaupt auf der kommunalen Ebene? Für mich bedeutete das, Kontakte zu knüpfen und Menschen zu finden, die wissen wie es geht. Heute würden wir neudeutsch sagen: Netzwerke bilden.

Ich nahm Kontakt mit der Konrad-Adenauer-Stiftung auf und erhielt einen Berater, einen außer Dienst gestellten Stadtdirektor aus Nordrhein-Westfalen. Zwischen uns hat die Chemie gestimmt. Ich habe auf folgender Basis mit ihm zusammen gearbeitet: Ich sagte ihm das Problem. Er sagte mir, wie er es unter bundesdeutschem Recht und Bedingungen gelöst hätte. Ich sagte ihm, ob das hier und jetzt denkbar ist. Dann wurde entschieden.

Auch unsere hessische Partnerstadt hat uns viel geholfen, materiell und ideell. Durch unsere schöne Kleinstadt läuft beispielsweise auf der gesamten Länge der Ortsdurchfahrt von rund drei Kilometern eine Bundesstrasse, die durch russische Panzer in schlimmem Zustand war. Sie musste zum einen grundsaniert werden. Zum anderen brauchten wir ganz schnell einen Fußgängerüberweg für die Schulkinder. Da haben wir unsere Freunde aus der Partnerstadt angerufen, und die haben uns ganz unkompliziert die notwendigen Verkehrsschilder geschickt. Ich habe einen Eimer Asphaltfarbe organisiert, wir haben zwei Pfähle mit den Schildern aufgestellt und Anfang 1990 die Farbe aufgemalt - fertig war der Überweg.

Das waren damals wichtige Signale, dass wir uns kümmern. Ich selbst bin als Schulkind dort mal von einem Auto angefahren worden. Als wir dann Ende der 1990er Jahre die Straße neu gemacht haben, kamen die Planer zu mir, weil der Übergang nicht in den Akten stand. „Bürgermeister, der Übergang muss dann beim Neubau wieder entfernt werden", sagten sie mir. Das kam natürlich nicht in Frage, und das wurde von der Bürgerschaft auch honoriert.

Eine ähnliche Aktion war die Sanierung der Friedhof-Wege. Die waren mit Hochofenschlacke gemacht und im Winter ein einziger Matsch. Die Bürger haben mich dauernd angesprochen, schnell was zu ändern. Also habe ich wieder die Partnerstadt angerufen, die mir Tennisplatzasche mitgebracht hat, mit der wir die Wege in Ordnung gebracht haben. Das war eine wilde, aber wunderschöne Zeit. Uns war klar, wir machen Fehler. Aber Nichthandeln wäre der größte Fehler gewesen.

Im Ergebnis meiner 16 Jahre als hauptamtlicher Bürgermeister erlaube ich mir einzuschätzen, dass wir unseren Zielen aus dem Herbst 89 in vielen Dingen sehr nahe gekommen sind und auch viel erreicht haben, von dem wir damals nicht zu träumen gewagt hätten.

Prof. Dr.-Ing. Dagmar Schipanski

Kandidatur für das Amt der Bundespräsidentin 1999

30 Jahre Deutsche Einheit bedeuten 30 Jahre Annäherung der Deutschen von Ost und West, die eine 40-jährige geteilte Geschichte erlebt haben. Es hatten sich zwei Staaten entwickelt, deren geistige, wirtschaftliche und politische Grundstrukturen vollständig verschieden waren.

Westdeutschland hat sich in einer freiheitlich-demokratischen Rechtsordnung in den Jahren der Teilung zu einer führenden Industrienation in Europa entwickelt, basierend auf der Einführung der sozialen Marktwirtschaft. „Wohlstand für alle" war das Leitmotiv, ebenso prägend waren die im Grundgesetz garantierten demokratischen Grundrechte wie Meinungs-, Reise- und Pressefreiheit, Freiheit von Forschung und Lehre, Religionsfreiheit. Eine starke Zivilgesellschaft begleitete und gestaltete diese Entwicklung.

In der DDR wurde unter dem Einfluss der Sowjetunion eine sozialistische Grundordnung errichtet, in der die Einheitspartei (SED) führend war. Demokratische Grundstrukturen wurden zerschlagen, die Wirtschaft wurde enteignet, in sogenanntes Volkseigentum überführt, die Sozialistische Planwirtschaft wurde aufgebaut, bei der der Wettbewerb ausgeschaltet war. Das Ergebnis waren ständige Mangelerscheinungen sowohl bei der Versorgung der Bevölkerung als auch bei Investitionen, was letztendlich zum Zusammenbruch der DDR führte.

Das sozialistische Menschenbild war das Erziehungsideal der SED-Diktatur. Im Mittelpunkt stand das Kollektiv, der Einzelne war nur ein Teil des großen Ganzen, dessen Inhalte von der SED festgelegt wurden und nicht diskutiert wurden. Diese Zielstellung führte zur Einschränkung der persönlichen Freiheiten: Keine Reisefreiheit, keine Pressefreiheit, keine Freiheit der Religionsausübung, das waren die Erfahrungen der DDR-Bürger. Dazu kam die Bespitzelung durch das System der Staatssicherheit,

Rechtsunsicherheit und Verfolgung „Andersdenkender". Wer also beide Teile Deutschlands miteinander vergleicht, die 1990 vereinigt wurden, der kann sich keine größeren Unterschiede vorstellen.

Wieso sollen dann die Menschen mit ihren unterschiedlichen Erfahrungen und Lebensentwürfen plötzlich gleiche Mentalitäten haben? Wir haben 1989 mit dem Ruf „Wir sind das Volk" unsere Angst abgeschüttelt und haben uns unsere Würde zurückgeholt, so wie es unser verehrter Bundespräsident Gauck treffend gesagt hat.

Wir kamen in eine Gesellschaft, die durch Freiheit zusammengehalten wird, nicht durch Verbote, die sich gründet auf der Achtung des Einzelnen und nicht auf die Macht Einzelner. So zeigten sich viele Schwierigkeiten beim Wachsen der inneren Einheit.

Mit meiner Kandidatur 1999 als Bundespräsidentin wollte ich unser gegenseitiges Verständnis befördern. Ich wusste, dass ich die Wahl gegen Johannes Rau nicht gewinnen würde, aber für den demokratischen Gedanken war die Aufstellung einer Wissenschaftlerin aus dem Osten ein wichtiges und richtiges Zeichen. Mir war wichtig, die deutsche Öffentlichkeit für die Ost-West-Problematik auf andere Weise zu sensibilisieren. Ich wollte nicht nur über Probleme reden, sondern unsere Annäherung im Denken und Fühlen befördern. Ich stellte in meinen Debatten nicht die Ost-West-Unterschiede in den Vordergrund, sondern die Gemeinsamkeiten.

Zugleich versuchte ich, auch auf die Defizite im Demokratieverständnis Westdeutschlands aufmerksam zu machen. Ich habe versucht, unsere unterschiedlichen Erfahrungen als Hintergrund für andere Bewertungen in aktuellen Situationen zu erklären. Dieses Thema ist heute nach wie vor von enormer Wichtigkeit, wenn ich an das unterschiedliche Wahlverhalten in Ost und West denke oder an Radikalismus und Ausländerfeindlichkeit.

Zugleich habe ich in meiner Argumentation die Technik- und Wissenschaftsskepsis der westdeutschen Bevölkerung aufgegriffen, um auf die Technikabhängigkeit des Wirtschaftsstandortes Deutschland hinzuweisen. Schon vor 20 Jahren habe ich die Bedeutung des Internets und die Energieversorgung, die Rolle von Innovationen, aber auch Gentechnologie und Stammzellforschung aus positiver Sicht betrachtet, weil sie von enormer Bedeutung für unser Land sind. Auch das ist eine Diskussion, die bis heute andauert.

Ein weiterer Schwerpunkt war die Rolle der Frau in der Gesellschaft. Mein Wahlspruch war: Wissenschaft ist nicht männlich und Familie ist nicht weiblich. Für mich ist die Berufstätigkeit der Frau selbstverständlich, aber ebenso ihre Rolle als Mutter in der Familie. Eine solch gelebte und gesellschaftlich akzeptierte Gleichstellung braucht staatliche Rahmenbedingungen (Kindergartenplätze, Ganztagsschule, Mittagsversorgung) aber auch die Partnerschaft des Mannes bei der Kindererziehung. Beide tragen Verantwortung für die Kinder. So konnte ich auf die Frage vieler Wähler, wie ich meine Kinder „alleine“ lassen könne, um auf Dienstreisen und in den Wahlkampf zu fahren, nur antworten: Sie sind doch nicht alleine, mein Mann ist doch zu Hause.

Dieser Wortwechsel kennzeichnete das Verständnis von Gleichberechtigung in der westdeutschen Gesellschaft, das sich bis heute noch verändern muss. Denn die gesellschaftliche Akzeptanz der Berufstätigkeit von Müttern bedarf noch ständiger Auseinandersetzungen, wie unsere heutigen Diskussionen um gleichen Lohn und Frauenquoten in Chefetagen zeigen.

Für die geistige Einheit Deutschlands war für mich wichtig, sich mit den Werten unseres Zusammenlebens auseinanderzusetzen, damit die Demokratie gestärkt wird. Die Bürger von Ost- und Westdeutschland hatten unterschiedliche Wertvorstellungen, über die man diskutieren sollte.

So habe ich die Fragen formuliert:

- Was bedeutet uns Freiheit? Verstehen wir darunter nur die Zahl der Handlungsoptionen, über die ein Individuum verfügt – oder sind für uns Freiheit und Verantwortung zwei Seiten derselben Medaille?
- Welche Vorstellung haben wir von Gerechtigkeit? Ist sie das Resultat einer anonymen Umverteilungsmaschinerie – oder vor allen die Frucht des gerechten Handelns vieler einzelner Menschen?
- Was verstehen wir unter Toleranz? Meinen wir damit die innere Offenheit gegenüber dem, was uns fremd ist – oder ist es nur ein Freibrief für Gleichgültigkeit?

Diese drei Beispiele zeigen, dass die damalige Diskussion bis heute andauert und ich bin der Auffassung, dass die Grundwerte das Verbindende und Einende für Ost und West in geistig kultureller Hinsicht sind. Wir müssen sie mehr in die gesellschaftliche Diskussion einbringen, gerade in Zeiten der Polarisierung der Gesellschaft.

Stephan Hloucal

Im Dezember 1990 wird Hloucal persönlicher Referent des Chefs der Thüringer Staatskanzlei, Dr. Michael Krapp, der von der Technischen Hochschule Ilmenau kommt. Als im Frühjahr 1992 Bernhard Vogel zum Thüringer Ministerpräsidenten gewählt wird, wechselt Hloucal in das Thüringer Kultusministerium, wo er sechs Jahre lang das Ministerbüro von Kultusminister Dieter Althaus leitet.

Neue Lehrer braucht das Land

Im Jahr 1991 beauftragte mich der Chef der Staatskanzlei mit der Erstellung einer Kabinettsvorlage, auf deren Grundlage die Überprüfung aller Mitarbeiter der Thüringer Staatskanzlei und der Ministerien auf eine eventuelle offizielle oder inoffizielle Mitarbeit für das ehemalige Ministerium für Staatssicherheit der DDR erfolgen konnte. Während dieser Prozess nach einem Jahr mehr oder weniger abgeschlossen und auch weitgehend unkompliziert war, gab es bei der Neuordnung des Bildungssystems große Probleme.

In Thüringen gab es damals 40 Landkreise und dementsprechend auch 40 Schulämter. Das war ineffektiv und musste reduziert werden. Das dreigliedrige Schulsystem, ein neues Schulgesetz, Verordnungen und neue Lehrpläne mussten eingeführt werden. Eine Lehrerbedarfsregulierung war erforderlich. Am problematischsten aber war die Frage der Lehrer selbst. Bei einigen passten die alten Qualifikationen (z.B. Staatsbürgerkunde, Pionierleiter) nicht zu den neuen Aufgaben. Wer ideologisch belastet war, bzw. unwahre Angaben bei der Stasi-Überprüfung gemacht hatte, sollte nicht mehr als Pädagoge in der Schule tätig sein.

In unzähligen Gesprächen mit Lehrern, Schüler- und Elternvertretern ging es zumeist darum, das neue demokratische Bildungssystem verständlich zu machen und für Solidarität und die neuen demokratischen Strukturen in Schule und Gesellschaft zu werben.

Die für mich größte Enttäuschung war damals die Rechtsprechung der Thüringer Arbeitsgerichtsbarkeit, die vielen ideologisch belasteten Lehrerinnen und Lehrern, die zuvor eben aus diesem Grunde gekündigt worden waren, eine Rückkehr in den Schuldienst ermöglichte. Selbst wer wegen falscher Angaben auf seinem Fragebogen aus dem Schuldienst entfernt wurde, konnte dagegen klagen.

Eine Gerichtsverhandlung, bei der ich persönlich anwesend war, ist mir noch in besonderer Erinnerung. Ich hatte den Eindruck, dass der Richter der Angeklagten richtiggehend geholfen hat, sich wieder zurück ins Lehramt zu klagen, in dem er ihr förmlich die Worte in den Mund legte, die er von der Klägerin hören wollte. Skurril war dabei, dass ich hinterher als „Spitzel von Althaus im Gericht“ – so die damalige Schlagzeile der BILD-Zeitung – öffentlich gebranntmarkt wurde.

Insgesamt aber bin nicht derjenige, der meckert und rumnörgelt. Die DDR war für mich immer ein fremder Staat, dessen Fundament auf einem falschen Grund gebaut war. Geprägt durch die schmerzliche Teilung der familiären Verwandschaft durch den Eisernen Vorhang habe immer an die Wiedervereinigung geglaubt. Im wesentlichen bin ich zufrieden und dankbar dafür, dass wir in einer freiheitlichen Demokratie leben können.

Dr. oec. habil. Joachim Pampel

Der gebürtige Chemnitzer lehrt bereits seit über 20 Jahren an der Technischen Hochschule Ilmenau, als die Wendezeit beginnt. Er ist kurz vor der Einreichung seiner Habilitationsschrift. Dann aber wird sein Fachbereich abgewickelt. Pampel geht im März 1992 in das Thüringer Wirtschaftsministerium und leitet dort viele Jahre das Referat „Konjunkturbeobachtung, Wirtschafts- und Arbeitsmarktstatistik".

Abwicklung der DDR-Hochschullehrer

Nachdem das Herbstsemester 1989/1990 und auch das Frühjahrssemester 1990 bis zum Sommer noch nach altem Plan ablief, erhielten wir dann die Mitteilung, dass es danach dann keine Lehrveranstaltungen „Sozialistische Betriebswirtschaft" mehr geben würde. Der neue Rektor teilte uns mit, dass die bisherige Sektion MARÖK (Mathematik, Rechentechnik und Ökonomische Kybernetik) ab sofort als Ganzes abgewickelt wird. Er empfahl uns deshalb, umgehend das Arbeitsamt aufzusuchen und uns arbeitslos zu melden.

Zugleich erklärte unser Rektor aber auch, dass er über Weihnachten mit dem Ministerium für Wissenschaft des Landes in Verhandlung stehen würde, um zumindest für einige der Kollegen/-innen Zeitverträge ermöglicht zu bekommen. Daher wurde allen empfohlen, am 02.01.1991 am Arbeitsplatz zu erscheinen und die Arbeitskraft weiter anzubieten. Zu diesem Termin wurde uns dann eröffnet, dass für uns ein Halbjahresvertrag bis Juni in Aussicht stehen würde, den wir im Laufe der Wochen dann auch erhielten. Dieser wurde dann auch nochmals bis August 1991 verlängert. Danach sollte sich dann eventuell ein 2-Jahres-Vertrag anschließen.

Schon im Verlauf des Jahres 1990 kam jeden Montag Prof. Bock von der Fachhochschule Schweinfurt / Würzburg zu uns in den Bereich und absolvierte für uns über mehrere Monate jeweils immer einen ca. 5-stündigen „Crash-Kurs" zur marktwirtschaftlichen Betriebswirtschaft.

Wir bekamen dann auch alle den Auftrag, uns selbst eine westdeutschen Hochschul-Einrichtung zu suchen und dort in eine Art Praktikum zu begeben. Das war aber leichter gesagt als getan!

Nach der Währungsunion am 01.07.1990 hatten wir zwar D-Mark, aber die damals 1300 DM, die z.B. ich damals erhielt, reichten gerade so, um den dringendsten finanziellen Verpflichtungen nachkommen zu können. Davon auch noch Übernachtungen und Verpflegung bei einem Praktikums-Aufenthalt in einem Alt-Bundesland zahlen zu können, war einfach illusorisch! So kam ich auf die Idee, mir möglichst ein solches Praktikum an der Fachhochschule in Coburg zu organisieren, weil bei der Entfernung von nur rund 60 Kilometern von Ilmenau Hin- und Rückfahrt mit dem Auto täglich möglich schien.

Ich suchte dazu dann dort mit meiner Frau auch den mir als Kontaktperson genannten Professor für Betriebswirtschaft auf. Das mit ihm geführte Gespräch war für uns beide ernüchternd! Sinngemäß wurde mir in dem Gespräch bedeutet, dass ich mir doch besser eine andere Tätigkeit als in der Lehre suchen solle, da meine Lebenserfahrungen doch ganz andere seien, als die, welche man heute für eine Lehre brauchen würde.

Im letzten Quartal 1991 erfolgte für die bevorstehende Gründung der neu zu schaffenden Fakultät Wirtschaftswissenschaften eine Ausschreibung für vier zu besetzende Professoren-Stellen, für die sich auch zwei der Alt-Professoren und zwei Oberassistenten (einer davon war ich) aus unserem Bereich bewerben sollten. Für mich kam ohnehin nur die für „Marketing" in Betracht. Aber nach den Erfahrungen mit Schweinfurt/ Würzburg zögerte ich recht lang, da aktiv zu werden.

Erst als das Argument kam, man könne sonst Stasi-Kontakte vermuten, entschloss ich mich dazu, mich auch zu bewerben. Wie erwartet, bekam keiner der vier Bewerber von uns eine der Professuren. Es erfolgten nur Fremdberufungen von Kandidaten aus den Universitäten Jena und Leipzig. Wir waren wohl nur schmückendes Beiwerk des Bewerbungsverfahrens!

Im Nachhinein bin ich über all das Geschehene nicht traurig, ich habe meinen Weg über 12 Jahre (aktive Zugehörigkeit) bzw. über 15 Jahre insgesamt im Wirtschaftsministerium recht erfolgreich machen können – leider aber eben nicht in einer wissenschaftlichen Laufbahn, die eigentlich mit der Habilitation angestrebt war.

Christian Gumprecht

Der Diplom-Elektrotechniker hat lange überlegt, zu welcher Partei er nach der friedlichen Revolution wollte und sich dann - auch aufgrund seiner Verankerung in der katholischen Kirche - für die CDU entschieden. Thüringen sei immer „SPD-Land“ gewesen, sagt er. Umso überraschter war er, als die CDU die ersten Wahlen dort gewonnen hat. Mit der Wende wird er Landrat des Kreises Altenburg.

Thüringen, Sachsen und das Krankenhaus

Altenburg war ein Herzogtum Thüringens und ein Gründer des Landes Thüringen. Nach dem Zweiten Weltkrieg wurden die Kreise Altenburg und Schmölln dem Bezirk Leipzig zugeteilt. Nach der friedlichen Revolution konnten wir uns entscheiden, ob wir Thüringer oder Sachsen werden wollten.

Wirtschaftlich war Altenburg stark nach Sachsen ausgerichtet. Im Mai fand eine Befragung unter der Bevölkerung statt. 53 Prozent haben für Sachsen votiert. Die Entscheidung musste noch im Kreistag getroffen werden. Doch statt dem Votum der Bevölkerung zu folgen, gab es eine Entscheidung für Thüringen. Und das zu einer Zeit, als wir schon dachten, wir können frei entscheiden. Das war für mich die erste Erfahrung, dass wir doch noch nicht so demokratiefähig waren. Es war ein Schlag ins Gesicht des neuen Demokratiebewusstseins. Die Menschen sagten: „Schon wieder werden wir hier vergewaltigt.“ Diese Emotionen konnte man kaum bändigen. Hunderte von Protestbriefen erreichten mich. Die Polizei musste eine Weile lang meine Kinder in die Schule begleiten.

Der damalige Regierungsbeauftragte für Thüringen, Josef Duchač, hat mich unmittelbar danach zu sich gebeten. „Was kann ich den Altenburgern Gutes tun“, hat er mich gefragt. Ich habe ihm sofort gesagt, dass die Altenburger sich nichts mehr wünschen als ein neues Krankenhaus. Altenburg hatte ein desolates Krankenhaus mit sieben Standorten. Viele der Gebäude waren hundert, manche sogar 200 Jahre alt und sehr marode. Mitten im OP befand sich ein Abwasserschacht, da konnte das Ungeziefer rein und raus.

Duchač sagte mir, er könne das zu diesem Zeitpunkt noch nicht entscheiden, aber er käme nach Altenburg, um sich das vor Ort anzusehen. Als der dann da war, sagte er „Um Gottes Willen, da muss ein neues Krankenhaus her".

Dann ging alles ganz schnell: In Altenburg wurde das erste neue Krankenhaus in Thüringen auf der Grundlage des Krankenhausfinanzierungsgesetzes des Bundes gebaut. Ministerpräsident Bernhard Vogel setzte sich sehr dafür ein. Der Bau war 1997 fertig. Wir haben immer versucht, wichtige Ereignisse wie die Grundsteinlegung oder auch das Richtfest auf den 3. Oktober zu legen. Die Symbolik war uns wichtig. Das Krankenhaus ist heute mit fast 900 Beschäftigten ein großer Arbeitgeber, und ein sehr leistungsfähiges Krankenhaus in einer relativ kleinen Stadt.

Ob es andersrum besser gelaufen wäre, kann ich im Nachgang nicht sagen. Wir hätten in Sachsen sicherlich kein Krankenhaus bekommen und auch null Chancen für den Flugplatz gehabt. Es wäre auch schwierig gewesen, das Theater zu erhalten. Das sind drei Argumente, die im Nachhinein für Thüringen sprechen.

Kapitel 3
Wissenschaftler und Techniker in Politik und Verwaltung

Sehr spannend war für Thomas Kretschmer die selbstgesuchte Aufgabe, für Thüringen ein Ladenöffnungsgesetz zu schreiben. „Normalerweise entwickeln Bürokraten diese Texte. Ich durfte das als Politiker machen und ich habe es ganz alleine geschrieben und durch den parlamentarischen Prozess gebracht", sagt der damalige Vorsitzende des Wirtschaftsausschusses im Thüringer Landtag.

Von 1990 bis 2008 war der Diplom-Ingenieur für Bauelemente-Elektronik für die CDU Mitglied des Thüringer Landtags. Seine Ausbildung an der TU Ilmenau sei dabei von großem Vorteil gewesen: „Die Arbeitsweise des Ingenieurs hat mir sehr geholfen, die Aufbausituation damals zu meistern. Der Ingenieur erkennt ein Problem, er sucht eine Lösung. Er skizziert das Problem. Die Skizze ist die Sprache des Ingenieurs. Er wird es testen, ob es funktioniert. Und anschließend wird es umgesetzt. Diese Arbeitsweise, dieses direkte Aufnehmen von Problemen, Lösen und Umsetzen, das hat sehr geholfen. Auch bei meinem eigenen Gesetz."

Ausnahmslos alle der in diesem Band Befragten sind der Meinung, dass ihre wissenschaftliche Ausbildung und die dabei gelernten Problemlösungsstrategien für die Arbeit in Politik und Verwaltung von großem Vorteil sind. Allerdings erkennen auch ausnahmslos alle an, dass sie als Wissenschaftlerinnen und Techniker vor allem deshalb so erfolgreich ihre gelernten Verfahren anwenden konnten, weil es in den ersten Jahren nach der Wende kaum Regeln und noch weniger Bürokratie gegeben habe. Stellvertretend dafür stehen beispielsweise die Erinnerungen von Benno Kaufhold, dem langjährigen Landrat des Ilm-Kreises und seinem Landrats-Kollegen Michael Ermrich aus dem Landkreis Wernigerode, später Landkreis Harz.

Benno Kaufhold:
„Meine Motivation bei der Amtsübernahme des Landkreisvorsitzes war die „Gestaltung" des Landkreises und nicht die „Verwaltung" einer Gebietskörperschaft als oberster Verwaltungsbeamter. Mein Handeln war geprägt von der Leitlinie, die aufzeigt „Was geht" und nicht nach dem Motto „Was nicht geht": das letztere Handeln wird häufig Verwaltungen unterstellt. Deshalb war für mich logisches Denken eine wichtige Prämisse bei der Vorbereitung und Umsetzung von Entscheidungen.

Ein Ingenieur lernt im Studium auf der Grundlage mathematischer und naturwissenschaftlicher Erkenntnisse logisches Denken und entwickelt dabei nachvollziehbare Methoden zur Lösung von Problemen; deshalb habe ich ein Ingenieurstudium in Ilmenau gewählt. Es liegt mir fern, erst in ein Gesetzbuch zu schauen und zu prüfen: Darfst Du das so entscheiden? Deshalb bin ich auch kein Jurist geworden. Manchmal war ich vielleicht zu eilig bei der Vorbereitung und Umsetzung von Entscheidungen, weil ich gedanklich bereits weiter war als meine Politikbegleiter in der Verwaltung, im Kreistag oder in der eigenen Fraktion."

Michael Ermrich:
„Wie gesagt, es war nicht mein Ziel, Politiker zu werden. Ich übernahm aber in einer Zeit Verantwortung, wo klare und zügige Entscheidungen mit gesundem Menschenverstand und Gespür notwendig waren. Ingenieurmäßiges Wissen und strukturiertes Arbeiten waren von Vorteil.

Ich denke wir haben es ganz gut gemacht. Die Bürokraten und die Bürokratie kamen dann allmählich. Techniker gehen anders an die Lösungssuche heran. Problemorientierter und zielstrebiger. Damit sind sie, wenn es um demokratische Regeln und Zeitfolgen geht, ungeduldiger. Ein Pflichtenheft, ein Lebenselexier der Techniker, kennen Politik und Verwaltung nicht. Persönlich habe ich es immer gut empfunden, wenn ich neben mir Mitarbeiter hatte, die mich beraten haben, wenn es um juristische und verwaltungsrechtliche Fragen ging. Eine Verwaltung braucht Ingenieure schon deshalb, um sich mit Fachleuten auf Augenhöhe austauschen zu können und um gemeinsam tragfähige Lösungen zu finden, die dann auch kommunalpolitisch durchgetragen werden können."

Auch der langjährige Umweltdezernent **Lutz Biste** hat von seiner wissenschaftlichen Ausbildung in der neuen Aufgabe nach der friedlichen Revolution profitiert: „Ich halte den Wechsel in Politik und Verwaltung in meinem speziellen Fall als gelernter Chemiker mit Leitungserfahrung in einem Industriebetrieb durchaus für einen Vorteil für die Aufgabenerledigung im behördlichen und im technischen Umweltschutz. Als Dezernent und ab 1994 als Beigeordneter des Landrates wurde ich vom Vorgesetzten und überwiegend auch von den Kreistagsmitgliedern in meinen Vorhaben auch im Bereich der sog. freiwilligen Leistungen unterstützt, die nicht immer billig zu haben waren. Meine berufliche Herkunft war somit offenbar kein Nachteil."

Ganz ähnlich formuliert das **Wolfgang Dütthorn**, langjähriger Stadtrat von Saalfeld: „Es war für mich zu dieser Zeit ein Vorteil als Techniker in die Verwaltung und Kommunalpolitik zu gehen. Es war das rationale und logische Denken, Lösungen zu suchen und zu finden (und nicht überlegen, was nicht geht), Meinungen abzufragen, zu hinterfragen und zügig Entscheidungen zu treffen; und vielleicht auch die Unkenntnis mancher Verhinderungsgründe".

Auch **Christian Gumprecht**, Landrat in Altenburg profitierte von seiner Erfahrung als Ingenieur: „Ich habe Trafostationen und Leitungen in Altenburg im Umkreis von 40 Kilometern projektiert. Durch meine Tätigkeit hatte ich eine sehr gute regionale Kenntnis. Und als Techniker hatte ich ein sehr gutes analytisches strukturiertes Denken. Ich hatte gelernt im Team zu arbeiten. Wenn ein Problem auftrat, haben wir Lösungen gesucht, Alternativen beraten und gemeinsam Entscheidungen getroffen. Dieses sehr sachbezogene Denken ist heute etwas anders geworden. Heute muß man mehr politische Strömungen beachten."

Der langjährige Erfurter Oberbürgermeister **Manfred Ruge** betont auch die Notwendigkeit dieses Handelns damals: „Es zählt das Ergebnis, und das so schnell wie möglich." Gerade weil so viel in so kurzer Zeit aufgebaut werden musste, sei die Vorgehensweise von Wissenschaftlern und Technikern geradezu ideal gewesen: „Sie haben Riesen-Vorteile, weil sie viel zielorientierter denken. Keiner der ‚Rechtsverdreher' konnte mir ‚die Butter vom Brot nehmen'. Ich habe gesagt, ich will nicht wissen, was nicht geht. Ihr habt die Aufgabe, mich so zu beraten, dass Ihr mir sagt, wie es gehen kann. Das ist eine Auffassung, die Juristen nur schwer zu vermitteln ist."

Seine Amtskollegin im sächsischen Freiberg, **Uta Rensch**, bestätigt das: „Durch Studium, Forschungsarbeit und Promotion war ich straffe, zielorientierte Arbeit gewöhnt. Ich musste komplizierte Sachverhalte verstehen und dabei auch manchmal in kurzer Zeit ein großes Arbeitspensum bewältigen. Vor dieser Situation stand ich dann als Oberbürgermeisterin häufig.

Außerdem hatte ich durch die wissenschaftliche Tätigkeit gelernt, genau hinzusehen und komplexe Zusammenhänge zu erkennen. Und dann ist da noch die Geduld und Beharrlichkeit. So wie nicht jedes wissenschaftliche Experiment beim ersten Versuch erfolgreich ist, so benötigen zwischenmenschliche Experimente manchmal mehrere Anläufe, und manchmal ist deren Ausgang anders als geplant – aber dennoch hoch interessant."

Diese Fähigkeit, komplexe Problemstellungen zu analysieren, in ihre Einzelteile zu zerlegen und damit dann auch handhabbar zu machen, wird immer wieder erwähnt. Auch **Stephan Hloucal**, langjähriger Büroleiter des Thüringer Kultusministers, geht darauf ein:

„Für mich war in den ersten Jahren die Tätigkeit in obersten Landesbehörden, noch dazu an politisch exponierten Stellen, völlig neu. Das

Studium befähigte mich zwar zu analytisch wissenschaftlichem Denken, aber das allein reichte nicht aus, um an der Nahtstelle zwischen Politik und Verwaltung tätig zu sein.

Das politisches Kräftespiel zwischen den politischen Parteien im Thüringer Landtag, zwischen Medien, verschiedenen Interessenvertretern, Gewerkschaften, Kammern, Wirtschaftsverbänden, Landkreisen und kommunale Gebietskörperschaften, lässt sich nicht mit kybernetischen Modellen abbilden. Allerdings kann eine analytische Vorgehensweise bei der Lösung politischer Fragestellungen auch von Vorteil sein.

Naturwissenschaftler und Ingenieure haben eine etwas andere, meist analytische Herangehensweise bei der Lösung von Problemen, als beispielsweise Juristen. Im politischen Handeln kann dies jedoch zu Problemen führen, da politische Entscheidungen oft auch eigenen Gesetzmäßigkeiten folgen."

Was hier beschrieben wird, ist auch ein typisches Handlungsmuster einer anderen Wissenschaftlerin, der promovierten Physikerin Angela Merkel. Als sie als junge Ministerin in die damalige Bundeshauptstadt Bonn kam, hat kaum einer der dortigen Politiker und Politikerinnen diese Herangehensweise an Politik verstanden. Möglicherweise liegt darin einer der Gründe, warum die ostdeutsche Wissenschaftlerin so lange „unterschätzt" wurde, um ein berühmt gewordenes Zitat des CSU-Politikers Horst Seehofer - selbst ein ausgebildeter Verwaltungs-Betriebswirt - zu zitieren[7].

Tigran Schipanski beschreibt die Vorteile von Naturwissenschaftlern in der Politik wie folgt: „Ein Techniker ist frei im Denken und handelt entsprechend den Naturgesetzen, die er weiterentwickelt, Neues er-

---

[7] Das Zitat fiel zum ersten Mal in folgendem Interview im November 2004, nachdem Horst Seehofer im Streit um das Gesundheitskonzept der Union als stellvertretender Fraktionschef zurückgetreten war. https://www.stern.de/politik/deutschland/seehofer-interview--wer-angela-merkel-unterschaetzt--hat-schon-verloren--3542148.html

forscht oder Neues aufbaut, immer nach gründlicher Analyse.
In der Politik geht es im Wesentlichen um die Machtfrage, der alles andere untergeordnet wird. Ein Naturwissenschaftler als Politiker lebt ständig im Spannungsfeld des Machterhalts und der Umsetzung seiner Visionen."

Hier kommen wir damit dann auch zu den Problemen, auf die die in Politik und Verwaltung gewechselten Wissenschaftler und Techniker gestoßen sind. **Michael Kummer** meint, in der Politik werde „häufig nicht rational die beste Lösung gesucht". Im Vordergrund stehe „die Beschaffung von eigenen Mehrheiten und die Bekämpfung politischer Gegner. Diese Eigenschaft ist aber nun einmal der Demokratie eigen, sie stellt ein konzentriertes Abbild der Bevölkerung dar, mit allen Vor- und Nachteilen."

Dennoch habe ihm seine wissenschaftliche Ausbildung enorme Dienste geleistet, sagt der langjährige Referatsleiter im Thüringer Ministerium für Wirtschaft, Arbeit und Technologie: „Am wichtigsten waren für mich die Fähigkeiten zu rationalem und analytischem Denken, das Erkennen von Zusammenhängen und das unbedingte Interesse an neuen Lösungen für anstehende Probleme. Die Erkenntnis, dass schnelle Lösungen nur innerhalb des bestehenden rechtlichen Rahmens möglich sind und dass das Eigeninteresse eine wichtige Triebfeder der Entwicklung ist, war immer hilfreich. Der größte Vorteil, den ich davon hatte, war die Vermeidung von Fehlern mit langfristigen Auswirkungen."

Auch verhehlen die hier befragten Wissenschaftler nicht, wie sehr sie irritierte, wie oft Politik und Politiker rationale Kriterien bei ihrer Entscheidungsfindung beiseite schieben oder gar nicht beachten und sich stattdessen allein auf das konzentrieren, was vermeintlich beim Wähler und der Wählerin durchsetzbar ist. Stellvertretend dafür stehen hier die Stellungnahmen der beiden Professoren Christoph Schnittler und Dagmar Schipanski.

Christoph Schnittler:
„Zum einen ist man als Physiker Generalist, so dass man sich rasch in unterschiedliche Probleme einarbeiten kann. Zum anderen ist man nicht durch ideologische Schablonen festgelegt und hat daher einen eher rationalen und praktikablen Blick auf die Dinge, der für die Lösung strittiger Probleme förderlich ist.

Ich meine, dass ich den Vorteil hatte, schneller auf das Wesentliche zu kommen, von Randproblemen zu abstrahieren und hinter wohlklingenden Grundsätzen verborgene Eigeninteressen erkennen zu können. Auch habe ich bei meiner Tätigkeit an der Technischen Hochschule/ Technischen Universität Ilmenau gelernt, Meinungsverschiedenheiten auf der Grundlage gegenseitiger Achtung auszutragen, ohne sich persönlich zu verletzen. Dass ich in naturwissenschaftlichen und technischen Fragen manchen meiner Kollegen voraus war, war sicher vorteilhaft, aber einfach meiner beruflichen Entwicklung geschuldet.

Ja, Naturwissenschaftler und Techniker sind weniger von Vorurteilen eingeengt und sind es gewohnt, auch politische Probleme rational und lösungsorientiert zu analysieren. Deshalb beachten sie immer auch die natürlichen und ökonomischen Randbedingungen, die bei den meisten politischen Problemen eine erhebliche Rolle spielen. Das bringt freilich den Nachteil mit sich, dass sie es oft schwer haben, mit ihren Positionen durchzudringen. Denn die Mehrheit der Verantwortlichen in Politik und Verwaltung sind anders sozialisiert, haben ein anderes Denken und sehen die Dinge oft in erster Linie unter einem juristischen Blickwinkel."

Dagmar Schipanski:
„Das analytische Denken, Sammeln von Fakten, Aufbereitung von Daten und logischen Schlussfolgerungen sind die Fähigkeiten, die man in naturwissenschaftlichen und technischen Studiengängen täglich trainiert und praktiziert. Diese analytische Herangehensweise an Probleme war ein großer Vorteil bei der politischen Entscheidungsfindung. In der Politik werden häufig Entscheidungen aus der Situation heraus getroffen,

das habe ich konsequent vermieden. Die gründliche Analyse ist aufwendiger, dauert länger, ist aber häufig nachhaltiger. Unter Zeitdruck leidet die Qualität der Problemlösung.

Für mich als Techniker war es zugleich befremdend, wenn sich Menschen ohne Begründung den rationalen Entscheidungen entzogen und nur emotional argumentierten. Sie waren mit Zahlen und Fakten nicht zu überzeugen und protestierten einfach, waren dagegen ohne Begründung. Dieses Verhalten erschwerte die Durchführung vieler Entscheidungen, beispielsweise bei der Schließung alter Einrichtungen oder der Zusammenlegung von Instituten."

Die frühere Freiberger Oberbürgermeisterin Uta Rensch hat diese unterschiedlichen Herangehensweisen einer Wissenschaftlerin und einer Politikerin für sich durchaus als Nachteil bei ihrem Wechsel in die Politik angesehen:

„Nachteil war, dass Naturwissenschaftler der Wahrheit verpflichtet sind, sich auf dem Boden von Tatsachen bewegen und nach Fakten und Gesetzmäßigkeiten entscheiden. Es wird nüchtern und pragmatisch vorgegangen.

Das ist in der Politik nicht so, Gesetzmäßigkeiten sind schwerer auszumachen, das „Vage" spielt eine Rolle, nicht zuletzt die nicht-sachlichen, manchmal nicht-wahrheitsgemäßen Emotionen der Menschen. Kurze und prägnante Vorträge kommen nicht immer gut an, denn man muss die Sachverhalte einer großen, sehr breitgefächerten Menge vermitteln. Bei einer Gesetzmäßigkeit darf ich als Naturwissenschaftler in der Bearbeitung nicht kreativ sein, in der Politik muss ich es sehr oft."

Landtagsmitglied **Thomas Kretschmer** sieht das nüchtern: „Im politischen Geschäft muss man Mehrheiten organisieren. Das ist ganz anders als in der Wissenschaft. In der Politik fangen sie in den Ortsbezirken an, die Menschen von sich und ihren Themen zu überzeugen. Nur dann können sie bei Wahlen in eine Verantwortung kommen."

Erfurts früherer Oberbürgermeister **Manfred Ruge** wirbt dafür, „gegenseitiges Verständnis zu wecken": „Wissenschaft ist relativ einfach, es ist entweder richtig oder falsch. Politik ist, das Machbare zu machen. Und in der Politik muss man Mehrheiten bekommen - und die Bedenkenträger einzubinden und manchmal harte Kante gegenüber denen zeigen, die es anders sehen."

Seine Kollegin **Uta Rensch** aus Freiberg sieht hier auch die Wissenschaftler in der Pflicht: „Es ist nicht nur wichtig, von einer Sache überzeugt zu sein, man muss sie auch rhetorisch gut und allgemeinverständlich vermitteln. Das ist für Naturwissenschaftler, die sich in ihrer Fachsprache bewegen, nicht immer einfach, insbesondere in Zeiten des Populismus. Es war ein bisschen wie eine neue Sprache lernen." Auch gute Netzwerke seien wichtig - und zu „lernen, sich Mehrheiten zu organisieren."

Das hat der Parlamentarische Staatssekretär im Bundesverkehrsministerium, **Johannes Nitsch**, eindringlich erfahren. Als Stellvertreter des damaligen Unions-Fraktionsvorsitzenden Alfred Dregger berief er jeden Dienstag um sieben Uhr morgens eine Sitzung der Funktionsträger aus den neuen Bundesländern ein, um das Programm für die Woche festzulegen. Dienstags ist traditionell der Tag, an dem sich die Fraktionen im Deutschen Bundestag während der Sitzungswochen treffen. „Das hat sehr gut funktioniert und war außerordentlich hilfreich, um die ostdeutschen Interessen zu koordinieren", erinnert sich Nitsch.

Allerdings habe das ganze dem späteren Fraktionsvorsitzenden Wolfgang Schäuble nicht ganz gepasst: „Na, habt ihr wieder zusammengehockt", habe er immer zu Nitsch gesagt, wenn er Dienstag morgens an ihm vorbeigerollt wäre. Wie jeder Ausnahme-Politiker wollte Schäuble natürlich wissen, was in der Runde vor sich ging – auch, um auf neue Themen vorbereitet zu sein.

Schließlich wurde vereinbart, dass einer seiner Leute aus dem Fraktionsvorstand mit in die Ost-Runde durfte. Nitsch erinnert sich, dass er sich darüber zunächst geärgert habe. Doch schon nach kurzer Zeit wurde offensichtlich, wie positiv diese Vernetzung war: „Für uns war das von großem Vorteil, weil Schäuble über seinen Mitarbeiter schon informiert war, bevor wir unsere Texte übergeben konnten."

Netzwerken, Mehrheiten suchen, anders kommunizieren - das sind Lernerfahrungen, die alle der Befragten nach ihrem Wechsel in die Politik gemacht haben. **Gerd Schuchardt**, der stellvertretende Ministerpräsident von Thüringen von 1994 bis 1999, fügt noch eine weitere hinzu - das Delegieren von Aufgaben. Hier sein Statement:

„Die Haltung des forschenden Wissenschaftlers: „Problem gelöst – alles dazu gesagt – nächste Aufgabe" geht in der Politik nicht. Unermüdliche Wiederholung und damit Vermittlung seiner Politik ist Bestandteil der Aufgabe eines Politikers. Da man in der Politik auch für Fehler anderer ggf. in die politische Verantwortung genommen werden kann, ist es wichtig, eine feine Sensorik zu entwickeln, wo man persönlich immer mal hinschauen sollte, ohne in den Fehler zu verfallen, alles bzw. zu vieles selbst machen zu wollen. Also: Aufgabenverteilung nach Kompetenz und Verantwortung zu lernen."

Die stellvertretende Landtagspräsidentin und frühere Wissenschaftsministerin Thüringens, **Dagmar Schipanski**, weist ebenfalls darauf hin:

„Als Ministerin war ich auf eine gut funktionierende Verwaltung angewiesen. In diesem Zusammenhang ist es wichtig, dass Politik- und Verwaltungsentscheidungen der Bevölkerung in einer verständlichen Sprache kommuniziert und erklärt werden. Das alleinige Zitieren von Paragrafen im Juristendeutsch macht die Entscheidung nicht deutlicher. Der Beamte muss auf den Einzelfall eingehen und das Gespräch suchen. Als Beamter dient man dem Volk und übt nicht Macht aus, diese Prämisse muss stärker verinnerlicht werden, um die Entfremdung von Politik und Bevölkerung zu überwinden."

Ihre wichtigste Lernerfahrung sei deshalb der Umgang mit der Presse gewesen:

„Jede Frage, die mir gestellt wurde, spiegelte die Sicht des Journalisten wider. Ich war dann automatisch in der Verteidigungshaltung und musste erklären, was ich anders dachte und beabsichtigte. Ich würde mir wünschen, dass ich erst ein Statement zu meinen Lösungsvorschlägen und deren Begründung halten könnte und dann auf Fragen antworte. Auch bei der heutigen Berichterstattung kommt der Inhalt der Botschaft zu kurz, die Kritik an der Lösung ist größer als der Inhalt. Wie soll sich der Zuschauer/Zuhörer eine Meinung bilden, wenn ihm Fakten vorenthalten und hauptsächlich Meinungen artikuliert werden?"

Da ist sie wieder, die schon zu Anfang dieses Kapitels angeklungene tiefe Frustration zwischen der Rationalität der Wissenschaft und den erfahrenen Handlungsrealitäten der Politik.

Benno Kaufhold, Landrat im Ilm-Kreis, formuliert es so: „Logisches Denken hat nicht immer mit politischer Gestaltung zu tun oder drastischer: zwischen realer Politik und Vernunft durch logisches Denken liegt oft ein tiefer Graben; das war für mich eine ernüchternde Erfahrung."

Christoph Schnittler, von 1992 bis 1994 Mitglied im Deutschen Bundestag, geht noch einen Schritt weiter: „Die Demokratie ist zwar die beste aller Gesellschaftsordnungen, aber sie erfordert immer wieder Mühe und einen langen Atem. Die besten Argumente helfen wenig, wenn man es nicht versteht, mit ihrer Hilfe Mehrheiten zu organisieren.

Das tiefere Verständnis für das Wesen einer kommunistischen Diktatur ist bei den Mitbürgern aus der alten Bundesrepublik, übrigens bis heute, recht begrenzt, und oftmals fehlt auch das Bemühen, sich in diese Problematik hinein zu denken. Und ich will noch einen anderen Lernprozess hinzufügen, der bis heute anhält: Es ist außerordentlich schwierig, in einem eingefahrenen politischen System wie dem der alten Bundesrepublik – und das haben wir ja im Wesentlichen übernommen – notwendige Veränderungen vorzunehmen, oftmals auch nur offensichtliche Fehler zu korrigieren."

Nicht verschwiegen werden soll auch eine weitere Frustration, die bei vielen der Befragten genannt wurde - die übernommene Bürokratie.

Wehmütig erinnert sich beispielsweise **Thomas Kretschmer**, von 1990 bis 2008 Mitglied im thüringischen Landtag:

„Diese wunderschöne Stimmung aus meiner Ingenieurverantwortung wurde mit zunehmender Bürokratie unbrauchbar. Ich will das nicht schlechtreden. Aber Bürokratie ist wie Wasser, das dringt durch alle Ritzen. An jeder Stelle sitzen dann Menschen, die ein Regelwerk haben und dir mitteilen, ‚Das haben wir schon immer so gemacht, stör uns nicht mit Deinen Gedanken'. Das ist für mich am Ende des Weges so schwer geworden, dass ich freiwillig aus der Politik ausgeschieden bin. Ich habe zur Mitte der Legislaturperiode mein Landtagsmandat niedergelegt. Dieses Rumziselieren, das war nichts für mich."

Dennoch zieht **Kretschmer** wie die meisten Befragten ein positives Fazit des Wechsels in die Politik, vor allem deshalb, weil sie viele ihrer damit verbundenen Ziele erreicht haben.

„Wenn man von seiner Arbeit überzeugt ist, und die Möglichkeit nutzt, Mehrheiten zu sammeln, dann kann man auch viel umsetzen. Wenn Sie einen Bezug zu den Menschen haben, bekommen sie Ergebnisse gespiegelt, die im akademischen Kreis nur sehr wenige registrieren, die in der breiten Öffentlichkeit aber weit mehr Resonanz haben. Dass ich heute nach so vielen Jahren außerhalb der Politik in meiner Heimatstadt noch erkannt und angesprochen werde, dass Leute mich freundlich grüßen, dass man da Anerkennung erfahren kann, das ist eine rundum positive Erfahrung."

Ex-Staatssekretär **Johannes Nitsch** wurde sogar positiv überrascht, wie viel möglich ist: „An erster Stelle möchte ich die Möglichkeit nennen, Einfluss zu nehmen auf politische Prozesse und die Gesetzgebung. Vor meiner Abgeordnetentätigkeit hatte ich diese Möglichkeit weit geringer eingeschätzt. Die Einflussmöglichkeit hängt davon ab, dass ein entsprechend einflussreiches Netzwerk existiert, in das man eingebunden ist.

Die Wirkungsmöglichkeiten im Wahlkreis sind ebenfalls wesentlich besser als vorher erwartet. Die genaue Kenntnis über die Unternehmen, kulturellen Einrichtungen und Vereine im Wahlkreis ist dafür Voraussetzung. In der Regel kann bei jedem Gespräch eine Möglichkeit gefunden werden, sich aktiv einzubringen und dem Gesprächspartner Hilfe zu gewähren. In den neunziger Jahren gab es viele Möglichkeiten bei der Privatisierung von größeren und kleineren Unternehmen und bei der Unterstützung in Eigentumsfragen."

Insgesamt bleibt dennoch zu konstatieren, dass fast alle der Befragten ihren Wechsel von der Wissenschaft in die Politik den Zeitläuften zuschreiben. Hier stellvertretend einige Stellungnahmen:

Benno Kaufhold: „Mein beruflicher Wechsel 1990 war ausschließlich den damaligen Bedingungen der deutschen Wiedervereinigung geschuldet. Unter den gegenwärtigen Bedingungen würde ich mir jedoch einen solchen, auch zeitweiligen, Wechsel aus meinem sehr schönen und einmaligen Ingenieurberuf reiflich überlegen."

Lutz Biste: „Mein Wechsel in die (Kreis-)Politik war tatsächlich den ganz besonderen Zeitläuften nach der Wiedervereinigung geschuldet."

Wolfgang Dütthorn: „Mein Wechsel war mit Sicherheit der speziellen Situation nach der Wiedervereinigung geschuldet."

Michael Pabst: „Einzelne Wechsel von Wissenschaft/Technik in die Politik wird es immer (hoffentlich!) geben, vor allem im kommunalen

Bereich. In so großer Zahl wie 1990 aber wohl nicht, dass war eine besondere Situation. Die Berufsbilder der nach der friedlichen Revolution gewählten ersten Generation von hauptamtlichen Bürgermeistern und Landräten bringen dies klar zum Ausdruck im Gegensatz zu den heutigen Amtsträgern."

Michael Ermrich: „Die Arbeit in staatlichen und kommunalen Verwaltungen und Einrichtungen ist interessant und vielseitig. Ingenieurtechnisch ausgebildetes Personal ist notwendig. Die Zeit nach der Wende war eine besondere. Aber jeder kann sich als Landrat, Bürgermeister, Abgeordneter bewerben (...) ich wünschte mir mehr Naturwissenschaftler und Techniker in unseren Parlamenten. Die Vielschichtigkeit und das Zusammenführen von Kompetenzen führen zu guten Lösungen. Ich denke, das war im Zuge der friedlichen Revolution gegeben. Gegenwärtig geht es nach meiner Meinung in Gesamtdeutschland mehr in die Richtung, dass eine starke Ausbildung in Richtung Politikwissenschaftler und ähnliches erfolgt und durch die gesellschaftlichen- und Parteistrukturen deren Einzug in die Parlamente befördert wird. Ob das für die Zukunft besser ist, wird sich zeigen. Ich bin davon nicht überzeugt."

Uta Rensch: „Ich glaube, dass die häufigen Wechsel von Wissenschaft in die Politik zu meiner Zeit der ganz besonderen Situation nach der Wiedervereinigung geschuldet waren. Es ist aus meiner Sicht zwingend nötig, der Verwaltung und den politischen Entscheidungsträgern unabhängige wissenschaftliche Beratungen zugängig zu machen. Dafür sollte man unbedingt die Kommunikation zwischen Politik und Wissenschaft verbessern. Das kann in der Form von Gesprächsrunden, Benennung von Ansprechpartnern, Weiterbildungen etc. erfolgen.

Die Hochschulen/Universitäten sollten dabei vor allem aufgrund ihrer Unabhängigkeit eine besondere Rolle spielen. Mir hätte z.B. manchmal schon sehr geholfen, für bestimmte Themen auf unabhängige Ansprechpartner zurückgreifen zu können.

Ich bin der Meinung, dass heute die Hochschulen/Universitäten eine Rolle insbesondere in der Erweiterung der Kommunikation zwischen Politik und Wissenschaft spielen könnten und dass in bereits auf Politikeinsatz ausgerichteten Studiengängen die Bedeutung der Wissenschaften für Entscheidungsfindungen deutlich gemacht werden und Gegenstand der Ausbildung sein sollte."

Das führt uns zu den Empfehlungen der Befragten, wie wir künftig wieder Wissenschaftlerinnen und Techniker für die Politik und einen möglichen Wechsel dorthin begeistern können und welche Rolle Hochschulen wie die TU Ilmenau dabei spielen können.

Beginnen wir mit grundsätzlichen Anmerkungen von **Christoph Schnittler:**

„Zunächst müssen Wissenschaftler selbst verstehen, dass sie eine Bringschuld haben und ihre Ergebnisse in verständlicher Sprache in die Öffentlichkeit tragen müssen. Zum zweiten sehe ich die Medien in der Pflicht, in den vielen Talkshows aus dem politikfernen Bereich nicht nur vorrangig Schauspielern und Literaten einen Platz einzuräumen, sondern vermehrt Wissenschaftlern und Technikern ein Sprachrohr zu bieten. Schließlich bedarf es einer klaren Arbeitsteilung zwischen Politik und Verwaltung: Die Politik muss die Grundlinien vorgeben, während sich die Verwaltung bei deren Umsetzung in bestem Sinne als Dienstleister für die Bürger verstehen muss. Auf diesem Wege kann auch das Ziel erreicht werden, über das alle seit Jahrzehnten reden, ohne dass bisher konkrete Schritte getan wurden: eine grundlegende und umfassende Entbürokratisierung unseres gesamten Lebens."

Benno Kaufhold weist seine Studierenden darauf hin, „immer wieder den Blick und damit die bürgerliche Verantwortung auch in die ehrenamtliche Politik eines Gemeinde-, Stadtrates oder Kreistages schweifen zu lassen und verweise dabei auf meine Vorbildwirkung als Ein- und Aussteiger in und aus der Politik."

Michael Kummer wünscht sich: „Wichtig wäre zunächst die Vermittlung von elementarem Wissen über die volkswirtschaftlichen Zusammenhänge. Der Austausch von Wissen über die Organisation, die finanzielle Basis und die wirtschaftlichen Grundlagen steht an erster Stelle, ist am schnellsten vermittelbar und kostet nicht viel.

Der personelle Wechsel ist immer eine ganz persönliche Entscheidung. Wer aus den Wissenschafts- und Forschungsbetrieb in Politik oder Verwaltung wechselt, sollte sich das reiflich überlegen, es ist in aller Regel eine Einbahnstraße. So wünschenswert es in einer Demokratie auch ist, diesen Wechsel zu ermöglichen, so schwierig ist es in der Realität. Wer für mehrere Jahre die Wissenschaft verlassen hat, der ist kaum noch mit dem aktuellen Stand der Wissenschaft vertraut, ja, er hat in großen Teilen sein Studium entwertet. Wer sich allerdings dem Wissenschafts- und Forschungsmanagement verpflichtet fühlt und eher Generalist ist, dem können sich durchaus interessante Perspektiven eröffnen. Für die Demokratie ist es wichtig, dass alle Berufsgruppen in den Parlamenten vertreten sind."

Dagmar Schipanski regt an: „Um den Austausch zwischen Politik und Wissenschaft zu erleichtern, sollte es Karrierewege mit Rückkehrgarantie geben. Beamte können zeitweise beurlaubt werden, um beispielsweise als Abgeordneter im Parlament zu arbeiten. Für befristet angestellte Mitarbeiter im Wissenschaftssystem gibt es diese Möglichkeit nicht. Hier würde eine Unterbrechung durch eine politische Tätigkeit den Karriereweg in der Wissenschaft beenden.

Man braucht aber eine Möglichkeit zur Rückkehr in ein sicheres Arbeitsverhältnis. Hier sind die rechtlichen Rahmenbedingungen neu zu schaffen. Der vollständige Übergang aus der Wissenschaft in die Politik wird durch die hierarchischen Parteistrukturen erschwert, in denen Außenseiter nicht willkommen sind.

Ich bin der Auffassung, dass in der Politik mehr Wissenschaftler, Techniker aus der Industrie, auch Ärzte, Informatiker oder andere Berufsgruppen vertreten sein sollten, um mit ihrem Sachverstand die unmittelbare Entscheidungsfindung bei Gesetzen und Programmen zu beeinflussen.

Wie wichtig dieser Austausch ist, zeigt die Corona-Pandemie sehr deutlich. Es werden Versäumnisse im Gesundheitswesen deutlich, die schon viel früher bekannt waren, aber politisch nicht aufgenommen wurden. Hier fehlt der unmittelbare Einfluss der Fachleute. Es gibt zwar viele Beiräte und beratende Gremien für die Politik, aber die unmittelbare Gestaltung durch die Ärzteschaft könnte die Effektivität politischer Entscheidungen verbessern. Das Gleiche gilt für andere Berufsgruppen, Informatiker sind beispielsweise für die Digitalisierungsstrategie unentbehrlich."

Gerd Schuchardt meint dazu: „In Deutschland bekennt sich die verantwortliche Politik zur Hochschulbildung als öffentliches Gut in öffentlicher Verantwortung. Das bedeutet einerseits, dass sich die Hochschulen und Universitäten nicht grundsätzlich außerhalb des Staatsgefüges, mithin der Zivilgesellschaft stellen können und das ja auch nicht wollen. Andererseits muss der Staat die Aufwendungen, die ja Investitionen in unsere Zukunft sind, gegenüber dieser Zivilgesellschaft rechtfertigen. Es ist also eine gemeinsame Sprache jenseits jeglichem „Fachchinesisch" zu finden, die Wissenschaft und Politik im Sinne dieser gemeinsamen Verantwortung verbinden. Dabei können die Hochschulräte als Bindeglied zwischen Hochschulen und der Gesamtgesellschaft hilfreich sein."

Christoph Schnittler ist der Meinung, dass „in Technischen Universitäten durchaus über Möglichkeiten eines Wechsels in Politik oder Verwaltung gesprochen werden" sollte: „Eine spezielle Ausbildung hierfür halte ich an diesen Einrichtungen allerdings nicht für geboten, schon wegen der oft zu großen Dominanz von Rechtsfragen in unserem politischen System. Wohl aber sollten spezielle rechtliche und politische Inhalte im Zusammenhang mit naturwissenschaftlichen und technischen Problemen in die Lehrpläne eingebaut werden."

Für **Tigran Schipanski** sind auch Wortmeldungen wie die hier vorliegenden notwendig, um „über das positive Wirken von Naturwissenschaftlern und Technikern beim Neuaufbau Ostdeutschlands zu berichten. Wir waren keine ‚Laienspieler', wie manche Journalisten abfällig urteilten, wir waren eine Bereicherung für die Politik durch unsere Ausbildung und unsere Berufserfahrung. Viele Prozesse, gerade auch im Verwaltungshandeln, könnten von Naturwissenschaftlern neu überdacht, neu hinterlegt, vereinfacht werden.

Das politische Handeln muss sachorientierter erfolgen. Wenn man nur im juristischen Sinne abwägt, werden die Entscheidungen hinausgezögert und selten einer eindeutigen, erfolgversprechenden Lösung zugeführt. Wer nur juristische Grenzen beleuchtet, wird nie eine erfolgversprechende Antwort finden. Durch Naturwissenschaftler kommt Freigeist und problemorientiertes Lösen in die Politik. Deshalb wünsche ich mir eine stärkere Einbeziehung von Naturwissenschaftlern und Technikern in die Politik, auch um Visionen zu entwickeln und nicht nur in Legislaturperioden zu denken."

Kapitel 4

Innere Evaluation- Neustart der TU Ilmenau

Es ist die pure Begeisterung, die junge Wissenschaftler zum Ende des 19. Jahrhunderts dazu treibt, eine private Bildungseinrichtung am Nordhang des Thüringer Waldes einzurichten. Eduard Jentzen und sein junger Stellvertreter Georg Schmidt sind fasziniert von Elektrizität.

„Es gibt keine Naturkraft, welche so modulationsfähig ist wie die Electrizität, denn es ist ein leichtes, sie in alle Formen der Energie umzugestalten; bald verwenden wir sie als Kraft, bald als Wärme, bald als Licht, bald als Magnetismus, bald als chemisch wirkenden Strom", begeistert sich Schmidt zur Eröffnung des Thüringischem Technikums am 3. November 1948[8].

Diese Keimzelle der heutigen TU Ilmenau wird zügig ausgebaut: Schon ein Jahr später entsteht im Stadtzentrum von Ilmenau das Alte Technikum, heute der Joliot-Curie-Bau. 1926 folgt das Neue Technikum, der heutige Faraday-Bau. Gleichzeitig wird das Thüringische Technikum in „Ingenieurschule Ilmenau" umbenannt. Direktor ist immer noch der Stellvertreter des Gründers, Prof. Georg Schmidt. Neben Elektrotechnik und Maschinenbau wird auch der Automobil- und Flugzeugbau unterrichtet und es gibt einen Schwerpunkt auf Dampfmaschinen, Brückenbau und Rundfunktechnik.

Nach dem Zweiten Weltkrieg übernimmt der Staat 1947 die Einrichtung und benennt sie 1950 in „Fachschule für Elektrotechnik und Maschinenbau" um. Seit 1953 werden mit der Gründung der Hochschule für Elektrotechnik dann auch Diplom-Ingenieure ausgebildet, der erste Jahrgang hat 268 Studierende.

Drei Jahre später entsteht dann ein Kilometer vom Stadtzentrum entfernt der heutige Campus. 1963 erhält die Hochschule den Status einer

---

[8] https://www.tu-ilmenau.de/universitaet/wir-ueber-uns/geschichte/

Technischen Hochschule. In der Folge werden die Fakultäten abgeschafft und durch von der SED gelenkte Sektionen ersetzt. **Prof. Christoph Schnittler** erinnert sich:

Zur Neugestaltung der Universitäten und Hochschulen der DDR nach der friedlichen Revolution

„Wer die Schwierigkeiten und die Leistungen bei der Neugestaltung der Universitäten und Hochschulen in den neuen Ländern nach der friedlichen Revolution verstehen und würdigen will, der muss sich zunächst mit den Bedingungen und Strukturen in diesem Bereich auseinandersetzen, wie sie in der ehemaligen DDR herrschten.

Das Wesensmerkmal des DDR-Staates war die durchgängige Herrschaft der 1946 gegründeten Sozialistischen Einheitspartei Deutschlands (SED) in allen Lebensbereichen. In den 1960er Jahren war sie in Politik, Verwaltung und Produktion so gut wie vollständig durchgesetzt worden. Dies war durch einen umfassenden Austausch der Führungseliten, eine durchgängige Veränderung der Eigentumsverhältnisse in der Produktion und die Bildung neuer Strukturen in Politik und Verwaltung gelungen. All diese Maßnahmen wurden offiziell stets mit dem Attribut „demokratisch“ versehen, das ja sogar in den offiziellen Namen des SED-Staates Eingang fand. Tatsächlich war dies nichts anderes als ein Feigenblatt. Die Realität bringt treffend ein Zitat zum Ausdruck, das von Walter Ulbricht überliefert ist: „Es muss demokratisch aussehen, aber wir müssen alles in der Hand haben.“

Es gab jedoch einen Bereich, in dem die Herrschaft der SED noch nicht vollständig etabliert war: die Universitäten und Hochschulen der DDR. Das lag vor allem daran, dass hier noch immer zahlreiche bürgerlich geprägte Professoren lehrten und forschten, die man nicht so schnell ersetzen konnte. Dies sollte die sogenannte 3. Hochschulreform der DDR verändern, die in ihren Grundzügen im Jahre 1968 durchgeführt wurde und die auch an der Technischen Hochschule Ilmenau für grundlegende Veränderungen sorgte.

Zunächst einmal wurden die alten Instituts- und Fakultätsstrukturen vollständig beseitigt. An ihre Stelle traten Sektionen, die in Wissenschaftsbereiche ohne eigene Kompetenzen gegliedert waren. Die früheren Fakultäten blieben nur rudimentär als zuständige Gremien für die Durchführung von Promotionen und die Vergabe akademischer Titel erhalten. Dies sorgte, gerade bei jüngeren Wissenschaftlern, teilweise sogar für eine gewisse Aufbruchsstimmung, denn die engen Grenzen der Institute waren gesprengt und eine disziplinübergreifende Zusammenarbeit möglich geworden. Und nicht zuletzt waren ähnliche Strukturen ja auch von erfolgreichen Universitäten der westlichen Demokratien bekannt geworden. Doch der wesentliche Zweck der 3. Hochschulreform wurde erst allmählich sichtbar: Neben den wissenschaftlichen Strukturen wurden parallel die Strukturen der SED aufgebaut, die nun auch an den Universitäten und Hochschulen zum eigentlichen Herrschaftsinstrument wurden. Erreicht wurde das in den folgenden Jahren nicht zuletzt durch die Berufungspolitik. Professuren wurden nicht, wie heute selbstverständlich, ausgeschrieben und nach fachlichen Gesichtspunkten besetzt. Vielmehr wurden Professoren aus einem zuvor unter Aufsicht der SED ausgewählten Kaderbestand heraus ernannt, wobei zunehmend die Mitgliedschaft in der SED zu einer wichtigen Voraussetzung wurde.

Die Auswirkungen der 3. Hochschulreform waren in den einzelnen Wissenschaftsdisziplinen unterschiedlich. Die Geistes- und Sozialwissenschaften wurden unter dem Dach des Wissenschaftlichen Sozialismus zunehmend gleichgeschaltet und verkümmerten in weiten Teilen zu ideologischen Machtinstrumenten der SED. Die Natur- und Technikwissenschaften konnten dank ihrer Natur nicht in gleichem Maße ideologisch vereinnahmt werden – trotz der Einrichtung eines Parteilehrjahrs für alle Wissenschaftler und trotz eines schon bald für alle Studierenden verbindlichen gesellschaftswissenschaftlichen Grundstudiums. Daher konnten in diesem Bereich sowohl in Lehre wie in Forschung auch weiterhin bedeutende Leistungen erbracht werden, wenn auch die Abschottung gegenüber den westlichen Industriestaaten und der zunehmende Rückstand in apparativen Ausrüstungen zunehmend Grenzen setzten.

Als sich zum Ende des Jahres 1989 der Zusammenbruch der DDR abzeichnete, mussten auch im Universitäts- und Hochschulbereich Wege für einen Neubeginn gefunden werden. Dabei konnte es nicht um einige kleine Reformen gehen. Das gesamte Studium in der DDR war, ganz abgesehen von der politischen Indoktrination im Sinne der SED-Politik, stark verschult und ließ den Studierenden nur wenige Freiräume für die Entfaltung ihrer Kreativität. Die Hochschulgremien und Leitungsstrukturen waren autoritär und ermöglichten keine demokratische Mitwirkung aller Hochschulangehörigen und insbesondere der Studierenden.
Universitäten und Hochschulen mussten wieder auf eine rechtsstaatliche Basis gestellt werden. Vor allem aber bedurfte es einer grundlegenden geistigen Erneuerung, für die das Humboldtsche Bildungsideal immer noch eine gute Richtschnur war. Mit der Einheit unseres Landes bestand also für uns die Aufgabe, Universitäten und Hochschulen in den neuen Ländern grundlegend zu erneuern.

Es war klar, dass wir uns dabei an den Verhältnissen in der alten Bundesrepublik orientieren mussten. Anders war diese Aufgabe in kurzer Zeit gar nicht zu bewältigen, und anders war sie auch rechtlich und politisch gar nicht machbar. Deshalb waren wir für die zahlreichen Hilfen, die wir von westdeutschen Kollegen dabei erhalten haben, sehr dankbar. Freilich versuchten wir hierbei, auch eigene Wege zu gehen, und das durchaus erfolgreich. Die Aufarbeitung der Stasistrukturen war ohnehin eine Aufgabe, für die es keine Vorlage gab und die wir alleine bewältigen mussten.

Der Arbeitsaufwand, der hierbei zu leisten war, ist enorm, und alles war für uns Neuland. Die Fakultäts- und Institutsstrukturen wurden wieder neu geschaffen, Institutsräte und Fakultätsräte erstmals wieder frei gewählt. Das gleiche gilt für den Senat, für die Interessenvertretungen der Hochschulangehörigen und zahlreiche andere Gremien. Alle Studienangebote mussten neu durchdacht und aktualisiert oder sogar ganz neu erarbeitet werden, die erforderlichen Studiendokumente hierfür mussten entsprechend den rechtlichen Vorgaben des Landes eingereicht werden.

Wir mussten lernen, Drittmittel einzuwerben – ein Begriff, den wir bisher gar nicht kannten. Und das alles musste auch möglichst rasch geschehen.

Entscheidend für die Zukunft war eine kluge Berufungspolitik. Professuren wurden nun öffentlich ausgeschrieben und in einem ordentlichen Berufungsverfahren unter Leitung einer Berufungskommission besetzt. Auch das war für uns nicht nur neu, sondern auch mit erheblichen Problemen verbunden. Oft konnten wir die Forderungen an die Ausstattung der Professuren nicht erfüllen; und dass manche Kandidaten ihre Bewerbung nur als Hebel für ihr Fortkommen an der eigenen Universität benutzten, war uns zunächst auch nicht bewusst. Zwar hatten wir auch in den neuen Ländern fähige junge Wissenschaftler, die wir gerne weiter fördern wollten. Aber die hatten zumeist nicht die Gelegenheit, in renommierten internationalen Zeitschriften zu veröffentlichen und schon gar nicht einen längeren Arbeitsaufenthalt in den USA vorzuweisen. Wir bemühten uns also, die besten und ernsthaft interessierten Kandidaten für uns zu gewinnen. Und dass die fast durchweg aus der alten Bundesrepublik kamen, war folgerichtig, aber nicht immer ganz problemlos.

An der Technischen Hochschule Ilmenau waren wir zudem in einer besonderen Situation: Sie war 1953 als Hochschule für Elektrotechnik gegründet worden, also als Spezialhochschule, die besonders die Bedürfnisse entsprechender Industriezweige der DDR befriedigen sollte. 1963 erhielt sie zwar den Status „Technische Hochschule Ilmenau“, jedoch war ihr Studienangebot nach wie vor im Wesentlichen auf Elektrotechnik und einige damit verbundene technische Teildisziplinen beschränkt. Auch die Zahl der Studierenden war, im Vergleich zu den Universitäten der alten Länder, sehr klein. Noch dazu in einer Kleinstadt und damals fernab größerer Verkehrswege gelegen, musste die Diskussion aufkommen, sie in eine Fachhochschule umzuwandeln. Dies freilich wäre den bisher erbrachten wissenschaftlichen Leistungen nicht gerecht geworden und hätte einen Rückschritt bedeutet, der auch für Thüringen schmerzlich gewesen wäre. Es ging also darum, den Status einer Hochschule zu erhalten. Dies gelang zum Glück und ist in hohem Maße dem Geschick und unermüdlichen Einsatz unseres ersten Nachwenderektors Prof. Eberhard Köhler zu verdanken. Mit der Verabschiedung des Thüringer Hochschulgesetzes im Juli 1992 erhielten wir den Status Technische Universität Ilmenau (TUI) verliehen.

Damit freilich war eine weitere große Herausforderung verbunden: Unser enges Studienangebot entsprach keineswegs dem einer Technischen Universität. Wir mussten also neue Studienangebote entwickeln, ohne die dafür nötigen neuen Professuren rasch besetzen oder gar neu schaffen zu können. Im Institut für Physik lösten wir dieses Problem dadurch, dass wir einen neuen Studiengang „Technische Physik" schufen, in den auch Lehrveranstaltungen technischer Fakultäten integriert wurden. Das war damals ein durchaus neuer Weg, der sich bis heute bewährt hat.

Schwieriger war es, Studienangebote zu schaffen, die über den Bereich Technik sowie Naturwissenschaften/Mathematik hinausgingen. Für die neu gegründete Fakultät für Wirtschaftswissenschaften waren dafür einige Voraussetzungen vorhanden, nicht so für das Vorhaben, das Studienangebot in Ilmenau durch die Medienwissenschaften zu erweitern. Hierfür wurde ein Institut für Medienwissenschaften gegründet, das aus organisatorischen Gründen zunächst an der kleinsten Fakultät, der Fakultät für Mathematik und Naturwissenschaften, angesiedelt wurde. Ein neuer Studiengang „Angewandte Medienwissenschaft" wurde zunächst mit nur zwei einschlägigen Vertretungsprofessuren konzipiert. Als Prodekan der Fakultät war ich, obwohl als Physiker fachfremd, für die Schaffung der Studienordnung und Prüfungsordnung für diesen neuen Studiengang verantwortlich. Heute ist das Institut für Medien- und Kommunikationswissenschaft in der Fakultät für Wirtschaftswissenschaften und Medien angesiedelt, und sein Studienangebot erfreut sich eines regen Zuspruchs.

Wenn ich im Nachhinein auf die bewegte Nachwendezeit an der Universität zurückschaue, so kann ich sagen, dass wir sicher nicht alles richtig gemacht haben. Manche Mängel des Bildungssystems der alten Bundesrepublik haben auch in die neuen Länder Eingang gefunden, und sie wirken bis heute fort. Aber wir haben vieles richtig und gut gemacht, und die Universitäten und Hochschulen der neuen Länder haben sich rasch und in einem demokratischen Prozess in das neue gesellschaftliche Umfeld eingefügt. Sie können heute mit entsprechenden Einrichtungen in den alten Ländern erfolgreich konkurrieren und sind international angesehen. Deshalb gebührt all denen, die damals mit großer Begeisterung den Prozess der Erneuerung betrieben haben, Dank und Anerkennung."

Nach der friedlichen Revolution gelingt es der grundlegend reformierten Hochschule, bereits 1992 zur Technischen Hochschule hochgestuft zu werden. Bereits ein halbes Jahr danach kürt das Magazin „Der Spiegel" die TU Ilmenau zur „besten Universität Ostdeutschlands". 1998 kommt sie in einem ebenfalls vom „Spiegel" ausgerufenen „Uni-Test-Europa" hinter Universitäten wie Cambridge, Oxford und Zürich auf einen „hervorragenden 6. Platz", wie eine Imagebroschüre stolz berichtet[9]. 2013 dann zählt die „Wirtschaftswoche" die TU zu den „zehn besten Universitäten" in Deutschland.

Dass die mit rund 7000 Studierenden im deutschland- und europaweiten Vergleich relativ kleine Universität so schnell und so überzeugend ihren Weg gefunden hat, könnte auch mit dem radikalen Schnitt zu tun haben, der zu Wendezeiten dort unternommen wurde.

Der neugewählte Rektor der TU Ilmenau, Prof. Köhler und einige ältere Professoren wie Reinisch, Kreß und Gens aber auch junge wissenschaftliche Mitarbeiter und Studenten wollten als ersten Schritt die akademische Selbstverwaltung neu aufbauen. Die Gruppe, zu der auch **Dagmar Schipanski**, **Christoph Schnittler** und andere gehörten, wollte eine akademische Selbstverwaltung ohne Einflussnahme von Partei und staatlichen Organen.

[9] Imagebroschüre TU Ilmenau, Seite 8, Zugriff online am 23. Juli 2020

Ihr Ziel war es, für die Universität die „Voraussetzungen schaffen, dass wir einen angemessenen Platz in der Universitätslandschaft erreichen". Also begann eine Diskussion, die zur Evaluation aller Lehrkräfte und der Neubesetzung aller zentralen Funktionen an der Universität führte. Schipanski erinnert sich wie folgt an diese Zeit: „Diese Evaluation aus fachlicher Sicht unter Beachtung politisch persönlicher Haltung war eine schwierige und emotional bewegende in der Anfangsphase." Hier ist der Bericht von **Dagmar Schipanski:**

Innere Evaluation an der THI:

„Nach dem Mauerfall am 09. November 1989 ist die Mehrheit der Beschäftigten der THI unmittelbar am folgenden Wochenende „in den Westen" gefahren, meistens in das nahe gelegene Coburg oder über den Grenzübergang Eisenach nach Hessen bis Frankfurt. In der folgenden Zeit kam es unter den Kollegen zu häufigen Diskussionen über die Sicht auf Westdeutschland aus eigenem Erleben und aus politischer DDR-Sicht. Der Mauerfall hatte neue Perspektiven eröffnet, die einen Rückfall in alte Grenzziehungen unwahrscheinlich machte. Also begann die unmittelbare Diskussion: Wie sieht eine freiheitlich demokratische Hochschule aus? Was sind ihre Grundprinzipien? Welche Strukturen sind prägend, welcher Funktionsmechanismen wirken?

Es begann ein „heimlicher" Besuch westdeutscher Hochschulen auf Privatbasis, später dann ein offizieller Austausch über die Hochschulrektorenkonferenz. Anfang 1990 stand die Wahl des Rektors, der Prorektoren und der Sektionsdirektoren an der THI an, die von einem Kern von Hochschullehrern, Mitarbeitern und Studenten als Chance zur Demokratisierung und zum Elitenwechsel angesehen und ergriffen wurde.

Die Wahlvorbereitungen begannen am 03. Januar 1990 in einer Senatssitzung, bei der eine Wahlkommission gegründet wurde, die sich am 05. Januar konstituierte. Ihr gehörten auch parteilose Hochschullehrer und Hochschullehrer der Blockparteien an, ein Novum in der von der

SED beherrschten Hochschullandschaft. Ebenso erfolgte die Gründung einer „Arbeitsgruppe zur Untersuchung von Ungerechtigkeiten bei Berufungen" und wenig später folgte die Gründung des „Runden Tisches". Allen gegründeten Kommissionen gehörten Nicht-SED-Mitglieder an, die die Entscheidungen später dominierten, sodass neue Amtsträger vorgeschlagen wurden und die Vorherrschaft der SED beendet wurde.

Die Wahlen erfolgten von einem wissenschaftlichen Rat, der ebenfalls neu konstituiert wurde. Darin hatten die demokratischen Kräfte die Mehrheit, die den parteilosen Prof. Eberhard Köhler als Rektor, den parteilosen Prof. Wolfgang Gens als Prorektor für Wissenschaft und den ehemaligen SED-Genossen Friedhelm Noack als Prorektor für Bildung wählten. Damit war der Grundstein für einen Neuanfang gelegt.

Vor diesem Leitungsteam lag die Aufgabe der Neustrukturierung der Universität. Die Bildung von Fakultäten war bereits beschlossen, ebenso die Neubesetzung der Hochschullehrerstellen und der wissenschaftlichen Mitarbeiter sowie der Zentralverwaltung. Dazu wurde eine Hochschulstrukturkommission gebildet, deren Mitglieder der Rektor, Kanzler, Prorektor B, Prorektor W, fünf Dekane und fünf westdeutsche Dekane waren. Sie strukturierten die Universität nach den Vorgaben der Kultusminister-Konferenz und den Richtlinien der Fakultätentage um. Das Marxismus-Leninismus-Institut wurde aufgelöst.

Nach Vorliegen der zukünftigen Struktur erfolgte die Neubesetzung der Hochschullehrerstellen und Mitarbeiterstellen. Das Ziel war, Fehlbesetzungen durch das SED-Regime abzulösen, Ungerechtigkeiten bei früheren Berufen abzubauen und vor allem die fachliche Qualität der Hochschule mit ihren neuen demokratischen Strukturen zu stärken.

Über das Verfahren wurde intensiv, häufig und kontrovers diskutiert. Schließlich wurde am 27. Februar 1991 ein Verfahren zur Evaluierung an den Fakultäten auf anonymer Basis der Befragten beschlossen. Prinzipiell hat jeder Hochschulangehörige die Möglichkeit erhalten, jeden zu bewerten. Die zusammengefassten statistischen Befragungsergebnisse konnten von jedem zu seiner Person eingesehen werden. Die Gesamtheit der Ergebnisse stand den Evaluierungskommissionen der Fakultäten und dem Fakultätsrat zur Verfügung.

Das führte zu einem Rektoraushang am 15. Februar 1991 zur „Inneren Evaluierung der THI", dass auf Beschluss der Senatssitzung vom 29. Januar und vom ersten Februar des Wissenschaftlichen Rates alle „Hochschullehrer, unbefristete wissenschaftliche Mitarbeiter und die leitenden Mitarbeiter in der Verwaltung und in nichtwissenschaftlichen Fakultätseinrichtungen" zu evaluieren sind.

Das Ziel der Evaluierung war die Einschätzung der Hochschul-Lehrer und wissenschaftlichen Mitarbeiter hinsichtlich ihrer wissenschaftlichen und pädagogischen Qualifikation und ihrer Arbeitseffektivität sowie hinsichtlich der leitenden Mitarbeiter in der Verwaltung und nicht wissenschaftlichen Fakultätseinrichtungen zu ihrer Effektivität. Alle wurden nach ihrer politisch-moralischen Integrität und ihrer demokratischen Haltung bewertet.

Zwei Kategorien sollten das Ergebnis der Überprüfung zusammenfassen:

Kategorie A: Empfehlung zur Bestätigung der Eignung als Hochschullehrer oder wissenschaftlicher Mitarbeiter und Zuordnung zum Personalstrukturplan, falls Planstelle vorhanden.

Kategorie B: Empfehlung zur Neuausschreibung von Lehrstuhl-, Fachgebiets- und anderer Leitungs- oder Mitarbeiterstelle (falls im Strukturplan vorhanden) mit erforderlichenfalls vertiefter Überprüfung. Über die weitere Verwendung wird von zuständiger Stelle entschieden.

Der Befragungszeitraum war vom 18. bis 22. März 1991, die Befragung verlief ohne Zwischenfälle und hatte eine rege Beteiligung.

Jeder Mitarbeiter und Hochschullehrer hatte zu seiner Person folgende Angaben zu machen:

1. Aus- und Weiterbildung
   1.1. Vorlesungen
   1.2. Praktika
   1.3. Seminare
   1.4. Anzahl der betreuten DA oder Dr.-Arbeiten
2. Forschung
   2.1. Forschungsgebiete
   2.2. Forschungsberichte
   2.3. Publikationen Bücher, Zeitschriftenartikel
   2.4. Vorträge
3. Sonstige Leistungen
4. Soziale Bedingungen (freiwillige Angaben)

Die Bewertung erfolgte nach folgendem Schema durch Ankreuzen:

Name der Person

Gesamtpersönlichkeit:
positiv / indifferent / negativ

Wissenschaftliche Leistung:
positiv / indifferent / negativ

Lehre:
positiv / indifferent / negativ

Politisch-moralische Integrität:
positiv / indifferent / negativ

Die Auswertung erfolgte statistisch, von -1 bis +1, und wurde der Personalkommission, die später nach Thüringer Hochschulgesetz eingerichtet wurde, und den Fakultätsräten übergeben. Mit negativ bewerteten

Hochschullehrern und Mitarbeitern erfolgten Gespräche über die Beendigung des Arbeitsverhältnisses, vorrangig von den Fakultätskommissionen unter Leitung der Dekane geführt.

Ein zweiter Auswahlprozess war die Überprüfung der Mitarbeiter auf inoffizielle Mitarbeit beim Ministerium für Staatssicherheit, die von der Gauck-Behörde durchgeführt wurde und deren Ergebnisse dem Rektorat mitgeteilt wurden. Die Personalkommission der TH Ilmenau nahm eine abschließende Bewertung der Hochschulangehörigen zur persönlichen Integrität vor, die auf weiteren Anhörungen und Befragungen neben der inneren Evaluation beruhte. Diese Einschätzung war Grundlage für Berufungsverfahren. Sie wurden von fachlichen Berufungskommissionen, die von den Fakultäten eingesetzt wurden, in demokratischen Verfahren durchgeführt.

Die innere Evaluation hatte die negativen und positiven Spitzen beim Personal statistisch klar herausgestellt, auch wenn es kontroverse Diskussionen zum Verfahren gab. Auf dieser Grundlage erfolgten in Verbindung mit einer nach Hochschulgesetz eingesetzten Personalkommission dann die Abberufungen – aber auch Neuberufungen von Professoren, die in der DDR benachteiligt worden waren. Der Personalkommission gehörten Vertreter des öffentlichen Lebens wie ein Pfarrer, ein Jurist, Vertreter des Personalrates, Studenten und nicht belastete Hochschullehrer an.

Der Grundstein zur demokratischen Hochschulentwicklung war gelegt, die Hochschule hat sich positiv entwickelt und ist heute, 30 Jahre danach, ein geachteter Forschungspartner weltweit und bei den Studenten ein beliebter Studienort."

Eine wichtige Rolle spielte die Universität auch in der Entwicklung der Wirtschaft im Landkreis, wie der langjährige 1. Dezernent für Wirtschaft, Bau und Soziales, **Tigran Schipanski**, berichtet:

„Ilmenau hatte zu DDR-Zeiten 3 Großbetriebe mit rund 10.000 Arbeitsplätzen. Da Osteuropa als Handelspartner wegfiel und der Binnenmarkt durch Westdeutschland beherrscht war, versagten die Prinzipien der Sozialen Marktwirtschaft. Es begann ein Arbeitskräfteabbau durch Investoren der Treuhand, der die gesellschaftliche Situation erschütterte. Wir erkannten frühzeitig, dass wahrscheinlich nur Kernbereiche mit Forschungs- und Entwicklungspotential überleben könnten.

Wir mussten neue Arbeitsplätze schaffen. Hier war die TU Ilmenau der Rettungsanker. Sie stellte Räume für Existenzgründer bereit und unterstützte mit Know-how und Geräten, das wurde von Rektor Prof. Köhler zusammen mit dem Landkreis und der Stadt intensiv vorangetrieben. Es wurde ein Technologie- und Gründerzentrum mit Hilfe aus Rheinland-Pfalz installiert, in dem sich viele Mitarbeiter der TU Ilmenau selbständig machten. Wir konnten rund 100 Ausgründungen begleiten, die heute den Kern der Wirtschaftsregion Ilmenau bilden und viele Arbeitsplätze geschaffen haben. Heute ist die Region des Ilm-Kreises ein innovatives Zentrum mit klein- und mittelständischen Betrieben, einem Logistik- und Industriezentrum am Erfurter Kreuz, der TU Ilmenau als Innovationsmotor. Unsere Vision hat sich erfüllt."

Viele Auszeichnungen konnte die TU Ilmenau seitdem erringen und konzentriert sich heute auf die Bereiche „Mikro- und Nanosysteme" sowie „Intelligente ingenieurwissenschaftliche Systeme und IT". Beide Schwerpunkte gliedern sich in sechs disziplinübergreifende Forschungscluster. Nanoengineering und „Präzisionstechnik und Präzisionsmesstechnik" bilden den Fokus im Bereich „Mikro- und Nanosysteme". „Technische und biomedizinischer Assistenzsysteme", „Antriebs-, Energie- und Umweltsystemtechnik", „Digitale Medientechnologie" und Mobilkommunikation bilden den Kern des zweiten Bereichs.

So werden heute in Ilmenau beispielsweise humanoide Roboter als Helfer für ältere Menschen entwickelt, die präziseste Waage der Welt konzipiert und innovative Verfahren gegen Augenkrankheiten wie den Grauen Star entworfen. Auf dem 50 Hektar großen Campus unterrichten rund 100 Professoren und Professorinnen. Die „Frankfurter Allgemeine Sonntagszeitung" nennt die TU Ilmenau ein „Juwel im Osten" und schreibt: „Unter Spezialisten zählt sie zu den innovativsten Wissenschaftsstätten Europas"[10].

Auch bei den Studierenden kommt die TUI 30 Jahre nach der friedlichen Revolution hervorragend an. „Unsere Universität hat als Ausbildungsstätte deutschlandweit einen exzellenten Ruf. 2019 sprachen 91 Prozent unserer Studierenden und Absolventen eine Weiterempfehlung für die TU Ilmenau aus und bewerteten ihre Hochschule mit durchschnittlich 4 von 5 Sternen. Ich bin von diesem Ergebnis geradezu überwältigt und hoch erfreut," sagte Rektor Peter Scharff im März 2020 anlässlich der Auszeichnung als „Top Universität 2020" von StudyCheck[11].

---

[10] ebd., Seite 7

[11] https://www.tu-ilmenau.de/aktuelles/news/newsbeitrag/25343/, Zugriff am 23. Juli 2020

Fragebogen (als Grundlage für die Beantwortung)

1. Was war Ihre Motivation, nach 1989 von der Wissenschaft in die Politik und/oder Verwaltung zu gehen?

2. Was waren die wichtigsten drei Ziele, die Sie durch Ihren Wechsel von der Wissenschaft in die Politik und/oder Verwaltung erreicht haben?

3. Können Sie uns Ihren größten Erfolg, aber vielleicht auch Ihren größten Misserfolg nennen?

4. Hatte es für Sie einen Vorteil, als ausgebildeter Techniker oder Naturwissenschaftler/in in die Politik und/oder Verwaltung zu gehen? Wenn ja, welcher?

5. Was waren Ihre drei wichtigsten Lernerfahrungen aus Ihrer Zeit in der aktiven Politik und/oder Verwaltung?

6. Welche Fähigkeiten, die Sie an der TU Ilmenau erlernt haben, waren für Sie in der Zeit als Verantwortung Tragende/r in der Politik und/oder Verwaltung hilfreich? Wo hatten Sie dadurch evtl. Vorteile, die andere nicht hatten?

7. Gibt es etwas, was Naturwissenschaftler/innen und Techniker/innen anderen voraus haben, wenn sie in die aktive Politik und/oder Verwaltung gehen? Wo liegen ggfs. die Nachteile?

8. Was wäre Ihrer Erfahrung nach zu tun, um den Austausch zwischen Wissenschaft und Politik und/oder Verwaltung zu erleichtern?

9. Sollten Technische Universitäten wie die TU Ilmenau zumindest als (Nischen-)Angebot ihre Studentenschaft auf die Möglichkeiten eines Transfers in die Politik und/oder Verwaltung informieren und evtl. sogar ausbilden? Oder waren Wechsel wie der Ihrige den ganz besonderen Zeitläuften nach der Wiedervereinigung geschuldet?

10. Wenn Sie sich bei Ihrer Alma Mater bedanken würden wollen, für was würden Sie sich gern bedanken?

Dr. Lutz Biste

Geburtsdatum:	13. Mai 1946
Familienstand:	verheiratet, eine Tochter

Ausbildung:

11.11.1977	Promotion zum Dr. rer. nat. (Festkörperchemie, gut)
10 / 70 – 03 / 75	Technische Hochschule Ilmenau, Sektion Physik und Technik elektronischer Bauelemente; wissenschaftlicher Assistent
09 / 65 – 09 / 70	Martin-Luther-Universität Halle-Wittenberg, Sektion Chemie; Studium der Chemie, Abschluss Diplom-Chemiker (organische Chemie, gut)

Beruflicher Werdegang

01/ 07 – 05 / 12	Betriebsleiter des Eigenbetriebes Abfallwirtschaft Ilm-Kreis
09 / 94 – 09 / 06	2. hauptamtlicher Beigeordneter des Ilm-Kreises. Dezernent für Umwelt, Ordnung und Verkehr im Landratsamt des Ilm-Kreises.
07 / 90 – 09 / 94	Landratsamt des Ilm-Kreises; Dezernent.
03 / 77 – 06 / 90	VEB Elektroglas Ilmenau/VEB Mikroelektronik Ilmenau (Umbenennung); Abteilungsleiter
03 / 75 – 03 / 77	VEB Elektroglas Ilmenau; Gruppenleiter Chemielabor in HA

Erfahrungsschwerpunkte

2007 – 2012	Leitung des Eigenbetriebes Abfallwirtschaft des Landkreises
1990 – 2006	Mitwirkung beim Aufbau der Kreisverwaltung als Dezernent, bis 1994 außerdem als Leiter

des Umweltamtes. Seit 1994 als Beigeordneter und 2. Stellvertreter des Landrates neben der Dezernatsleitung vielfältige Erfahrungen in der Kommunalpolitik und in der Leitung des Landratsamtes. Kreiswahlleiter bei den Kommunalwahlen 2004.

Motivation für den Gang in Politik und Verwaltung
siehe Kapitel 1

Erreichte Ziele
siehe Kapitel 1

Erfolg und Enttäuschung
Erfolgreich waren insbesondere die Anstrengungen zur Beseitigung bzw. Sanierung und Rekultivierung gewerblicher Altlasten und kommunaler sog. Altablagerungen, d. h. der in oder an fast jedem noch so kleinen Ort sichtbaren „Müllkippen“ aus DDR-Zeiten. Und natürlich dort, wo das dann möglich war oder ist, die sinnvolle Nachnutzung der sanierten Anlagen und Flächen. Das war dann eben auch ein erheblicher Beitrag zum Landschafts- und Naturschutz im Landkreis.

Enttäuschend war, dass die großartige Aufbruchsstimmung aus den ersten Nachwendejahren gerade im Bereich des Umweltschutzes bereits Mitte der 90-er Jahre allmählich der neuen Bürokratie weichen musste und nur zu häufig der überparteiliche Zusammenhalt beim Voranbringen der auch schon mal unkonventionellen, aber noch genehmigungsfähigen Planung und Ausführung von Projekten verlorenging.

Der Gang in die Politik oder Verwaltung als Vorteil?
Ich halte den Wechsel in Politik und Verwaltung in meinem speziellen Fall als gelernter Chemiker mit Leitungserfahrung in einem Industriebetrieb durchaus für einen Vorteil für die Aufgabenerledigung im behördlichen und im technischen Umweltschutz. Als Dezernent und ab

1994 als Beigeordneter des Landrates wurde ich vom Vorgesetzten und überwiegend auch von den Kreistagsmitgliedern in meinen Vorhaben auch im Bereich der sog. freiwilligen Leistungen unterstützt, die nicht immer billig zu haben waren. Meine berufliche Herkunft war somit offenbar kein Nachteil.

Lernerfahrungen

Zu erlernen waren bundesdeutsches Verwaltungsrecht, davon vertieft das neue umfangreiche Umweltrecht. Dazu kamen die erforderlichen Kenntnisse des kommunalen Finanzwesens, aber auch kaufmännische Grundkenntnisse für die Leitungsaufgaben in der Abfallwirtschaft. Und schließlich neu der Umgang mit der auch in der Verwaltung allgegenwärtigen Juristerei. Und der Kreispolitik sowie der nachfragenden Öffentlichkeit war natürlich jederzeit Rede und Antwort zu stehen, zunächst ungewohnt bei fehlender Parteizugehörigkeit und Erfahrung.

Fähigkeiten, erlernt an der TU Ilmenau

Meine Kenntnisse aus der Zeit der Tätigkeit an der TH Ilmenau haben mir in der Kreispolitik und in Fragen der Zusammenarbeit mit Bereichen der nunmehr technischen Universität bei diversen Projekten weitergeholfen.

Möglichkeit eines Transfers in Politik oder Verwaltung

Mein Wechsel in die (Kreis-)Politik war tatsächlich den ganz besonderen Zeitläuften nach der Wiedervereinigung geschuldet.

Dank an die ehem. Technische Hochschule Ilmenau

Dank für viereinhalb gute, lehrreiche und bildende Jahre als wissenschaftlicher Assistent. Dank an meinem „Doktorvater“ Herrn Prof. Heinrich Arnold für die von ihm erlernte Akribie in der wissenschaftlichen Arbeit (u. a. durch ihn auch Kontrolle eines jeden von 156 Literaturzitaten in der Dissertation; so hätte ich im Fall der Fälle tatsächlich Minister in der Bundesregierung nach Überprüfung der Arbeit bleiben können). Dank für das vielfältige kulturelle Leben an der Hochschule mit Jazz, Filmclub, Arbeitsgemeinschaften jeder Art und mit dem Hochschulfasching, der im Rahmen der damaligen Möglichkeiten so etwas wie politisches Kabarett war. Obwohl im Elferrat, dem ich einige Jahre angehörte, der eine oder andere nichtoffizielle, ab Mitte der 1970er Jahre auch offizielle Stasi-Mitarbeiter die „Aufsicht" ausübten, wurde der einigermaßen freien Rede erst 1976 ein Riegel vorgeschoben, was mit dem Rücktritt des damaligen Elferrates endete. Unbedingt zu erwähnen sind die ganz besonderen Gründer des Hochschulfaschings aus den 1950er Jahren, Willi Schaffer und Manfred Bittner, die bis dahin regelmäßig als Ehrengäste für die kabarettistischen Höhepunkte sorgten.

Erika Caesar

28.07.1969	in Gera geboren, zwei Kinder

Ausbildung

1965	Diplom als Ingenieurökonom an der TU Ilmenau
1967-1972	Fernstudium an der KMU Leipzig, Fakultät für Journalistik
1979-1980	Lehre Textiltechnik (Erwachsenenqualifizierung), Facharbeiter für Textiltechnik
1981-1983	Meisterausbildung mit Meisterprüfung

Berufstätigkeit

1965-1969	VEB Inducal Berlin
1969-1970	VEB Transformatorenwerk Berlin
1970-1979	Verlag „Neue Zeit“, Berlin
1980-1990	selbständiger Handwerksmeister
1990	freischaffender Journalist / Amt des Ministerpräsidenten der DDR
1991-2003	Thüringer Staatskanzlei / Referatsleiter

Es ist nicht so einfach, die Frage nach meinen Erfahrungen als ausgebildeter Techniker in der Verwaltung eines so genannten „neuen“ Bundeslandes zu beantworten. Ein Grund ist, dass ich zwar an der Technischen Hochschule - heute TU - Ilmenau studiert habe, allerdings mit dem Ziel „Wirtschaftsjournalist“.

Ende der 1950er Jahre versuchte man, ein Direktstudium „Ingenieurökonomie“ zu etablieren, das sich an der Ausbildung von Wirtschaftsingenieuren an der TU Aachen orientierte - wie man betonte. Ein Ziel dieses Studiengangs war es später, als Wirtschaftsjournalist tätig zu sein.
Für mich war das eine Alternative zum Journalistikstudium an der Karl-Marx-Universität Leipzig. Nach dem Diplom in Ilmenau habe ich das Fernstudium noch absolviert. Zehn Jahre war ich bei einer Tageszei-

tung tätig - dann wollte ich nicht mehr die dem Journalismus zugewiesene Aufgabe als „Propagandist, Agitator und Organisator“ des Sozialismus erfüllen. Das erwartete man zunehmend auch von den Mitarbeitern bei den Zeitungen der Blockparteien.

Für mich war schon am 9. November 1989 klar: Jetzt wird alles anders. Ich wollte zurück in meinen alten Beruf. Auf Umwegen bin ich dann in die Thüringer Staatskanzlei gekommen.

Das Studium in Ilmenau: Es wurden nur in drei oder vier Matrikeln jeweils um die 20 Ingenieurökonomen ausgebildet, dann wurde das Experiment in dieser Form abgebrochen. Schon in meiner Tätigkeit als Journalist wie auch später in der Verwaltung habe ich die großen Vorteile meiner Ausbildung erfahren.

Das Studium war hart - kein Nachteil. Bis zum Vordiplom umfasste es die Fächer und Prüfungen, die für alle Fachrichtungen gleich waren, zusätzlich Vorlesungen in Wirtschaftsfächern. Die Ausbildung im Diplomstudium umfasste ein technisches Nebenfach und ein sehr breit gefächertes Spektrum von Fächern, die volkswirtschaftlich und betriebswirtschaftlich relevant waren:

Planung und Organisation der einzelnen Bereiche des Betriebes von Materialbeschaffung, Organisation der Produktion, Lagerhaltung, Absatz, Rechnungswesen, Produktentwicklung, Wirtschaftsrecht, Arbeitsrecht, Standardisierung, Qualitätskontrolle, Grundlagen der Projektierung, Standortplanung und Transportoptimierung, Einführung in die Datenverarbeitung, Führungstechniken - alles, was zu der Zeit auch international in der Diskussion war. Für diese Breite der Ausbildung auf dem damals neuesten Stand bin ich immer sehr dankbar gewesen.

Man erwirbt während des Studiums eine Art „Werkzeugkasten“ mit zwei Fächern. In dem einen Fach befindet sich eine Grundausstattung an wichtigem Wissen, das man z.B. als Ingenieur braucht und das im Berufsleben ständig erweitert und vertieft werden muss.

Dafür erhält man im zweiten Fach ein Instrumentarium der praktischen und wissenschaftlichen Arbeit, das befähigt, neues Wissen zu erwerben und kreative Lösungen für spezifische Probleme zu finden. Das wird während des Studiums vermittelt und trainiert. Es umfasst bei einer ingenieurwissenschaftlichen Ausbildung andere Inhalte und Techniken als zum Beispiel bei einem Studium der Rechtswissenschaften.

Bei der gesellschaftlichen Umgestaltung in den „neuen" Ländern hat sich gezeigt, dass Methoden der Ingenieure und Naturwissenschaftlern zu interessanten und effektiven Lösungen führen können. Es ist der andere Blick auf Probleme, der auch zu anderen Lösungen führt.

Arbeitstechniken, die sich auf politische und verwaltungstechnische Probleme anwenden lassen, sind zum Beispiel:

- Definition von Zielen
- Prüfen von Arbeitsschritten und Erfolgskontrolle
- der Gedanke von notwendigen und hinreichenden Bedingungen
- Formen der Qualitätssicherung bzw. Fehlervermeidung
- komplexe Betrachtung und Bewertung von Entwicklungsprozessen usw.

Nach den Erfahrungen beim Aufbau in den „neuen" Ländern ist es durchaus sinnvoll, wenn sich Absolventen technischer und naturwissenschaftlicher Fachrichtungen in Politik und Verwaltung einbringen.

Es ist der andere Blick und es sind die besonderen Kompetenzen, die für die effektive Lösung gesellschaftlicher Probleme einen Vorteil bieten.

Wolfgang Dütthorn

Geburtsdatum: 16.03.1952
Geburtsort: Schaderthal (Kreis Saalfeld)
Familienstand: verheiratet, 2 Kinder

Ausbildung:
Hochschulstudium: 1970 – 1974 Technische Hochschule Ilmenau, Fachrichtung: Informationstechnik und theoretische Elektrotechnik
1974 Diplomingenieur

Berufstätigkeit:

1974 – 1991	VEB Carl Zeiss Jena, Betrieb Saalfeld, Betriebsorganisator, Leiter Datenverarbeitung, Leiter Informationszentrum
1992 – 2006	Landratsamt Saalfeld, Persönlicher Mitarbeiter des Landrates, Leiter des Wirtschaftsamtes, Leiter des Amtes für Wirtschaftsförderung, Leiter des Amtes/Fachdienstes Kreisentwicklung
2006 – 2014	Stadtverwaltung Saalfeld, 1.Beigeordneter und Dezernent für Stadtentwicklung
2014	Versetzung in den Ruhestand aus gesundheitlichen Gründen

Parteizugehörigkeit:

1975	CDU

Ehrenamtstätigkeit:

1968 – 1990	Freiwillige Feuerwehr
1989 – 2006	Stadtverordnetenversammlung bzw. Stadtrat der Stadt Saalfeld/Saale
1990 – 1999	Fraktionsvorsitzender der CDU-Fraktion
1999 – 2006	2. Beigeordneter der Stadt Saalfeld (ehrenamtlich)

1996 – 2014	Aufsichtsrat der Saalfelder Feengrotten und Tourismus GmbH
2006 – 2014	Aufsichtsrat der Stadtwerke Saalfeld GmbH
2006 – 2014	Aufsichtsrat der Wohnungsbaugesellschaft Saalfeld GmbH
2012 – 2014	Aufsichtsrat der Bädergesellschaft Saalfeld

Motivation für den Gang in Politik und Verwaltung
Ich wollte die Wende und Wiedervereinigung aktiv mitgestalten. Der neugewählte Landrat, ein langjähriger CDU-Parteifreund, bat mich um Mitarbeit und Mitwirkung als sein persönlicher Mitarbeiter im Landratsamt.

Erreichte Ziele
Mitwirkung beim Aufbau und der Umgestaltung der Stadt-und Kreisverwaltung Saalfeld, die Gebietsreform 1994 und der teilweise Erhalt bzw. Umwandlung der wirtschaftlichen und touristischen Strukturen im Landkreis Saalfeld-Rudolstadt.

Erfolg und Enttäuschung
Als Amtsleiter Wirtschaftsförderung/Kreisentwicklung hatte ich einen hohen Anteil am Erhalt der Maxhütte Unterwellenborn als einzigen Stahlproduzent in Thüringen. Als Quereinsteiger in das Landratsamt Saalfeld als persönlicher Mitarbeiter des Landrats, später als Amtsleiter für Wirtschaftsförderung, nahm ich 1992/93 an einem Fortbildungsseminar „Verwaltungshandeln und Verwaltungsrecht" an der Verwaltungsschule Tambach-Dietharz teil.

Der Zufall wollte es, dass in der Seminargruppe ebenfalls der Prokurist der neu gegründeten Landesentwicklungsgesellschaft Thüringen mbH (LEG) war. Beim abendlichen Bier sprach man auch über das, was man beruflich tat. Die LEG, deren Aufgabe es sein sollte, Altindustriestandorte zu sanieren und zu vermarkten, hatte zu diesem Zeitpunkt erst einen Betrieb im Portfolio: das Büromaschinenwerk Sömmerda. Nach

Absprache mit dem Landrat konnte durch diesen Kontakt die LEG gewonnen werden, das Projekt Maxhütte als zweites Vorhaben in die Bearbeitung aufzunehmen. Allerdings gab es ein schwerwiegendes Problem: Das Gelände der Maxhütte erstreckte sich auf die Gebiete der vier Gemeinden Unterwellenborn, Oberwellenborn, Saalfeld und Kamsdorf.

Die Forderung der LEG war, dass sie nicht vier, sondern nur eine kommunalen Körperschaft als Partner haben wollte. Es war meine Aufgabe, ein solches Konstrukt in Abstimmung mit den Gemeinden zu bilden. Die Lösung war die Bildung eines Planungszweckverbandes (PZV). Nach intensiven, aber auch vertrauensvollen Abstimmungen mit der LEG, den Bürgermeistern und der Kommunalaufsicht konnte am 2.5.1993 der PZV Maxhütte Unterwellenborn gegründet werden. Damit war die Voraussetzung geschaffen, dass die LEG die alte Maxhütte Unterwellenborn mit ihrer einhundertdreißigjährigen Tradition zu einem umweltfreundlichen Industrie- und Gewerbegebiet entwickeln konnte. Diesen Auftrag erhielt die LEG von der Regierung des Freistaates Thüringen im Herbst 1993.

Auf dem Standort entwickelte sich das modernste Elektrostahlwerk Europas, wurde eine Vielzahl weiterer klein- und mittelständiger Unternehmen erfolgreich angesiedelt und die Maxhüttenstrasse als Umgehungsstrasse Unterwellenborn gebaut.

Als 1. Beigeordneter und Stellvertreter des Bürgermeisters hatte ich einen jährlichen Etat von ca. 20-25 Mio. Euro zu verantworten. Damit wurden in meiner Amtszeit eine Reihe von Infrastrukturmaßnahmen und Objekten in Saalfeld realisiert, wie z.B. Weststraße, Neubau Marco-Polo-Schule, Wohngebiete Südstadt und Altes Gehege, Stadtteil Grüne Mitte usw.

Meine größte Enttäuschung war bzw. ist, dass zunehmend bei Bürgerbeteiligungen unsachliche, beleidigende Diskussionen stattfinden, um Maßnahmen zu verhindern.

Der Gang in die Politik oder Verwaltung als Vorteil?
Es war für mich zu dieser Zeit ein Vorteil, als Techniker in die Verwaltung und Kommunalpolitik zu gehen. Es war das rationale und logische Denken, Lösungen zu suchen und zu finden (und nicht überlegen, was nicht geht), Meinungen abzufragen, zu hinterfragen und zügig Entscheidungen zu treffen; und vielleicht auch die Unkenntnis mancher Verhinderungsgründe.

Vorteile von Naturwissenschaftlern in Politik und/oder Verwaltung
Selbständiges Lernen und Wissensaneignung, Teamfähigkeit, Querdenken, zielorientiertes Denken und Handeln, Lösungen suchen und nicht verhindern.

Lernerfahrungen
Viele Verwaltungsentscheidungen sind durch Parlamente zu bestätigen bzw. zu entscheiden; Entscheidungen der Parlamente sind oftmals politisch geprägt und nicht immer logisch und zielorientiert; will man etwas Wichtiges durchsetzen, muss man im Vorfeld Überzeugungsarbeit leisten.

Austausch zwischen Wissenschaft und Verwaltung
Wissenschaftler/Techniker sollten bei Ausschreibungen der Verwaltung ähnliche Chancen haben wie Juristen und Verwaltungsfacharbeiter. In den Parlamenten sollten mehr Naturwissenschaftler/Techniker sitzen, allerdings ist dies bei Wahlfunktionen nur schwer zu realisieren.

Möglichkeit eines Transfers in Politik oder Verwaltung
Über Möglichkeiten des Transfers sollte informiert werden, eine spezielle Ausbildung Naturwissenschaft/ Technik/ Verwaltung/ Politik halte ich nicht für sinnvoll. Mein Wechsel war mit Sicherheit der speziellen Situation nach der Wiedervereinigung geschuldet.

Dank an die ehem. Technische Hochschule Ilmenau

Ich danke der Technischen Hochschule Ilmenau für ein freies, selbständiges und selbstbestimmtes Studium, auch wenn ein solches Studium schwerer war als ein gegängeltes Studium wie im Schulbetrieb. Der Technischen Universität Ilmenau danke ich, dass sie sich zu einer führenden TU in Deutschland entwickelt hat.

Dr.-Ing. Michael Ermrich

geb. 16.7.1953 in Halberstadt,
verwitwet, 4 Kinder, wohnhaft in Wernigerode/Harz

Ausbildung:

1976	Dipl-Ing. in der Fachrichtung Informationstechnik und Spezialkenntnisse an der TH Ilmenau
1976 – 81	Wissenschaftlicher Mitarbeiter
1982	Promotion zum Dr.-Ing. auf dem Gebiet Elektronische Schaltungstechnik
1981 – 1983	Mitarbeiter und Themenleiter Forschung/Entwicklung-Elektronik am Institut für Spielzeug Sonneberg Außenstelle Technische Hochschule Ilmenau

Berufstätigkeit:

1984 – 1990	Rationalisierungsingenieur im VEB Gießerei und Ofenbau Königshütter/Harz, zuletzt als Hauptabteilungsleiter Rationalisierungsmittelbau
1990 – 1992	Oberkreisdirektor Landkreis Wernigerode
1992 – 2007	Landrat im Landkreis Wernigerode
2007 – 2013	Landrat im Landkreis Harz nach einer Kreisgebietsreform
2013 – 2019	Geschäftsführender Präsident des Ostdeutschen Sparkassenverbandes
2019 – 31.12.21	Wiederwahl

Parteizugehörigkeit:

1985 – 3/1990 LDPD, seit 6/1992 CDU

Wesentliche ehrenamtliche Tätigkeiten:

1994 – 2013	Präsident des Landkreistages Sachsen-Anhalt
2005 – 2013	Vizepräsident des Deutschen Landkreistages
1995 – 2015	Hauptvorsitzender des Harzklub e.V.

seit 2015 Hauptschatzmeister im Deutschen Wanderverband
seit 2016 Mitglied im Kirchenvorstand der kath. Gemeinde in Wernigerode

Besondere Auszeichnungen:
2010 Bundesverdienstkreuz
2011 Dr.-Johann-Christian-Eberle-Medaille (höchste Auszeichnung der Sparkassenorganisation
2013 Ehrenbürger der Stadt Wernigerode

Motivation für den Gang in Politik und Verwaltung
siehe Kapitel 1

Erreichte Ziele
Erstes Ziel war der Aufbau einer kommunalen Selbstverwaltung und eine dazugehörige Verwaltung.
Zweites Ziel war der Erhalt industrieller Kerne, die Bekämpfung der Massenarbeitslosigkeit und der Aufbau ehrenamtlicher Vereinsstrukturen (Heimatbindung).
Drittes Ziel war die Schaffung einer modernen Infrastruktur, Bildungswesen und die Beseitigung von industriellen Altlasten.

Erfolg und Enttäuschung
Ich hatte besonders in den ersten Jahren einen starken Aufbau- und Veränderungswillen bei meinen Mitarbeitern, eine starke Unterstützung durch den Partnerkreis Goslar, Herrn OKD Müller, seiner Verwaltung und meinem ehrenamtlichen Landrat Dr.Heuck. Sehr schnell stellten sich zahlreiche Erfolge ein. Selbst die Arbeitslosenzahlen waren vergleichsweise niedrig.
Ich denke, der emotionalste Erfolg, auch für die Menschen im gesamten Harz, war die Wiederinbetriebnahme der Brockenbahn mit der Fahrt zum Brocken (Symbol für Trennung und Einheit) am 15.09.1991.

Überhaupt lag mir in meiner Arbeit die Einheit des in drei Ländern liegenden Harzes, meiner Heimat, immer sehr am Herzen. Eine große menschliche Enttäuschung hatte ich 1997, aber auch da hatte ich besonders einen Kommunalpolitiker der mir sehr geholfen hat, sonst hätte ich dort mein Amt verloren.

Der Gang in die Politik oder Verwaltung als Vorteil?
Techniker gehen anders an die Lösungssuche heran. Problemorientierter und zielstrebiger. Damit sind sie, wenn es um demokratische Regeln und Zeitfolgen geht, ungeduldiger. Ein Pflichtenheft kennen Politik und Verwaltung nicht.

Persönlich habe ich es immer gut empfunden, wenn ich neben mir Mitarbeiter hatte, die mich beraten haben, wenn es um juristische und verwaltungsrechtliche Fragen ging. Eine Verwaltung braucht Ingenieure schon deshalb, um sich mit Fachleuten auf Augenhöhe austauschen zu können und um gemeinsam tragfähige Lösungen zu finden, die dann auch kommunalpolitisch durchgetragen werden können.

Das wichtigste war für mich, immer die Verbindung zu den Menschen zu bewahren. Ebenso wichtig war mir insbesondere im Harz die Herstellung der Deutschen Einheit in den Köpfen durch den Aufbau von bzw. die Integration in vorhandene Strukturen (Harzklub, Tourismusverband, Arbeitgeberverband, Regionalverband mit Kultur- und Naturparkverband ...).

Möglichkeit eines Transfers in Politik oder Verwaltung
Ich beantworte die Frage mit ja. Die Arbeit im staatlichen und kommunalen Verwaltungen und Einrichtungen ist interessant und vielseitig. Ingenieurtechnisch ausgebildetes Personal ist notwendig.

Die Zeit nach der Wende war eine besondere. Aber jeder kann sich als Landrat, Bürgermeister, Abgeordneter bewerben. Ich wünschte mir mehr Naturwissenschaftler und Techniker in unseren Parlamenten. Die Vielschichtigkeit und das Zusammenführen von Kompetenzen führen zu guten Lösungen. Ich denke, das war im Zuge der friedlichen Revolution gegeben. Gegenwärtig geht es nach meiner Meinung in Gesamtdeutschland mehr in die Richtung, dass eine starke Ausbildung in Richtung Politikwissenschaftler u.ä. erfolgt und durch die gesellschaftlichen- und Parteistrukturen deren Einzug in die Parlamente befördert wird. Ob das für die Zukunft besser ist wird sich zeigen. Ich bin davon nicht überzeugt.

Dank an die ehem. Technische Hochschule Ilmenau

Meine persönliche Entwicklung wurde während der Studentenzeit maßgeblich geprägt durch eine starke und aktive Verbundenheit mit der kath. Studentengemeinde. Viele Verbindungen aus dieser Zeit dauern bis heute noch an.

Bei allen Schwierigkeiten, die man als Christ in der DDR hatte, habe ich viel Unterstützung durch Menschen an der Hochschule erfahren denen ich danke. Als Studentenpfarrer war es der Pfarrer Gerhard Sammet. Während der Studienzeit und der Tätigkeit als wiss. Mitarbeiter war es Dr. Peter Reichl Seminargruppenleiter und Diplombetreuer, selbst mal Mitglied der Studentengemeinde, und sein Netzwerk in das Funkwerk Erfurt, Herr Dr. Steffen. Als weitere Personen wären zu nennen: Dr. Huneck, Dr. Arthymiak, Dr.Thomä, Prof. Scarbata (Sport), Günter Jung, Benno Kaufhold, Klaus Kabitzsch, Henry Zschau. Sehr freundschaftlich war ich mit Herrn Prof. Reinisch verbunden.

Henner Misersky war es, der mich als Sportlehrer und dann Trainer an der HSG Ilmenau an den Sport heranführte und an eine große Sportgemeinschaft, so das ich noch heute Freude daran habe und bereits 44-mal beim Rennsteiglauf teilgenommen habe. Ilmenau und der Thüringer Wald sind zu meiner zweiten Heimat geworden.

Christian Gumprecht

geb. 31. Juli 1950 in Windischleuba

Ausbildung:
Dipl-Ing. in der Fachrichtung Elektrotechnik an der TH Ilmenau

Berufstätigkeit:

	Projektant in der Energiewirtschaft in Dresden und Leipzig
1990	zum Landrat des damaligen Kreises Altenburg gewählt. Im Oktober 1990 Beitritt zur CDU.
1994	wurde der Kreis Altenburg Teil des neu gegründeten Landkreises Altenburger Land, im Amt bis zum Jahr 2000.
2000 – 2001	Projektleiter Aufbaugesellschaft Ostthüringen
2001 – 2004	Mitarbeiter Landesentwicklungsgesellschaft Thüringen
2004 – 2014	Wahl als CDU-Direktkandidat im Wahlkreis Altenburger Land II in den thüringischen Landtag.
seit 2004	Mitglied des Kreistages Landkreis Altenburger Land
ab 2014	Vorsitzender des Kreistages

Motivation für den Gang in Politik und Verwaltung
siehe Kapitel 1

Vorteile von Naturwissenschaftlern in Politik und/oder Verwaltung
Ich habe Trafostationen und Leitungen in Altenburg im Umkreis von 40 Kilometern vorbereitet. Ich kannte jeden Ort und viele Häuser, weil ich dort schon war. Durch meine Tätigkeit hatte ich eine sehr gute regionale Kenntnis. Und als Techniker hatte ich ein sehr gutes analytisches

strukturiertes Denken. Wir hatten ein Problem, wir haben Alternativen aufgezeigt und wir haben die beste Lösung versucht herauszuarbeiten. Dieses Denken ist heute etwas anders geworden.

Austausch zwischen Wissenschaft und Verwaltung
Mit der Frage habe ich mich sehr schwer getan. Was lehrt uns das heute? In die Landratsämter ziehen mehr und mehr Juristen ein. Techniker ziehen sich wieder in die Wissenschaft zurück. Das finde ich bedauerlich. Leider weiß ich auch nicht, wie man das verändern könnte.
Mich hat nicht die Universität in die Politik gebracht, sondern, was ich in der Studentengemeinde und in politischen Freundeskreisen erlebt habe. Das hat mich geprägt. Wir haben Gemeinschaft gepflegt und mich haben dort auch Personen geprägt, bspw. die beiden Studentenpfarrer. Ich war auch ein Jahr Sprecher der Studentengemeinde.

Wir hatten Vertrauen zueinander, das hat dazu geführt, dass ich in die Politik gegangen bin. Ich kann nur appellieren, so was auch heute zu fördern. Die Studentengemeinde hat mich mindestens so stark geprägt wie das Studium selbst.

Ich bedanke mich gerne bei diesen Personen, Pfarrer Marx und Pfarrer Sammet und bei den Freunden, die genauso gedacht haben wie ich. Wir haben uns illegal mit Studenten aus Aachen in Berlin getroffen.

Dr. Konrad Haueisen

27.10.1949	Geburtstag
1956 – 1968	Schulausbildung, Abschluss Abitur
Herbst 1968 bis Frühjahr 1970	18 Monate Wehrdienst
1970 – 1974	Studium an der TH Ilmenau, Sektion Gerätetechnik
1974 – 1978	Tätigkeit als wissenschaftlicher Assistent TH Ilmenau, Sektion Gerätetechnik, Gemeinschaftspromotion mit Heinz Haueisen
1979 – 1990	Konstrukteur im VEB Mikroelektronik Ilmenau
Frühjahr 1990 – Sommer 1991	Bürgermeister Gemeinde Möhrenbach
Sommer 1991 – 1998	Leiter des Amtes Kommunalaufsicht
im	
	Landratsamt Ilmenau und im Landratsamt Ilm-Kreis, 1996 Verbeamtung im höheren Dienst durch das Land Thüringen
1998 – 2000	Übertritt in den Dienst des Ilm-Kreises und Mitarbeit im Rechtsamt
2000 – Januar 2015	Leiter des Bauaufsichtsamtes im Ilm-Kreis
Februar 2015	Versetzung in den Ruhestand

Motivation für den Gang in Politik und Verwaltung

siehe Kapitel 1

Erreichte Ziele

In einer öffentlichen Verwaltung mitzuwirken, die mit dem Bürger auf Augenhöhe spricht, ihn mit seinen Argumenten ernst nimmt und versucht, seinen berechtigten Anliegen ohne Ansehen der Person und ihrer gesellschaftlichen Stellung im Rahmen der Gesetze Geltung zu verschaffen, war für mich ein sehr wichtiges Ziel.

Erfolg und Enttäuschung
Einer der schönsten Erfolge, an welchem ich mitwirken durfte, war die Errichtung des Wartungswerkes für Flugzeugturbinen N3 Engine Overhaul Services, für dessen Bau auf dem Gewerbe- und Industriegebiet „Erfurter Kreuz" in Arnstadt im Jahr 2004 die Entscheidung fiel. (...) Der Bau dieses Werkes wirkte wie eine Initialzündung für Vorhaben auf dem Industrie- und Gewerbegebiet „Erfurter Kreuz", wo mittlerweile noch viele Investitionen mit mehreren tausend hochwertigen Arbeitsplätzen entstanden. Damit gehört das „Erfurter Kreuz" zu den größten Industrie- und Gewerbegebieten in Thüringen.

Als Enttäuschung stellt sich für mich die Investitionstätigkeit der deutschen Konzerne in den neuen Bundesländern dar. Ihre wirklich großen Investitionen führten sie teilweise anderswo aus.

Der Gang in die Politik oder Verwaltung als Vorteil?
Naturwissenschaftler und Techniker sind es gewohnt, die Gegenstände, die sie bearbeiten, sehr gründlich und systematisch zu durchdenken, bevor sie nächste Schritte unternehmen. Wir alle kennen die Redewendung unserer Bundeskanzlerin, eine Angelegenheit vom Ende her zu denken. Das kann ein Vorteil gegenüber anderen Berufsgruppen sein. Allerdings hat man es in der Politik mit Menschen und ihren gegenseitigen Beziehungen zu tun – nicht mit toter Materie wie in der Technik. Das Experiment, vor allem nach der Strategie „Versuch und Irrtum", kann in der Politik kein gängiges Arbeitsmittel sein. Hingegen wird es Naturwissenschaftlern und Technikern gut gelingen, die Erfahrungen ihres täglichen politischen Handelns immer schnell verfügbar abzuspeichern und anzuwenden.

Lernerfahrungen
Die Vereinigung der beiden deutschen Staaten durch Beitritt der Deutschen Demokratischen Republik zur Bundesrepublik Deutschland und die Umgestaltung des beigetretenen Staats-, Gesellschafts- und Wirtschaftsgefüges war nach den beiden Weltkriegen ein außerordentlicher

Prozess von größter historischer Bedeutung und das Beste, was den Menschen in ganz Deutschland passieren konnte. Sie wurde eingeleitet durch die friedliche Revolution in der damaligen DDR, ermöglicht durch die kluge Politik der damaligen Bundesregierung mit Unterstützung der US-Regierung gegen die Widerstände westeuropäischer Nachbarn und einem für die damalige Sowjetunion schmerzhaften Überzeugungsprozess. Sie wurde vollendet durch den Einigungsvertrag und am 3. Oktober 1990 vollzogen.
Früher verlangte man von uns ständig Treuebekenntnisse zum Staat, beschwor die „unverbrüchliche Freundschaft zur Sowjetunion" - und bekam Lippenbekenntnisse, weil dem Verweigerer Nachteile drohten. Trotz aller Probleme, mancher Fehlentwicklung in den letzten Jahren; mancher berechtigter Kritik an den jeweiligen Regierungen und sonstigen Akteuren in Politik, Gesellschaft sowie Wirtschaft gebe ich dieses Bekenntnis nicht auf die Bitte Dritter und völlig ohne äußeren Druck ab, denn seit 1990 gilt:
ICH BIN FREI!

Vorteile von Naturwissenschaftlern in Politik und/oder Verwaltung

Es sind die Fähigkeiten, Vorgänge, Probleme gründlich zu analysieren, ihre einzelnen Facetten zu ermitteln und in die Überlegungen einzubeziehen, besonders ausdauernd bei der Lösungssuche zu sein mit Methoden, welche die Lösungssuche befördern, das Problem in seiner Entwicklung zu betrachten.

Möglichkeit eines Transfers in Politik oder Verwaltung

Ein Naturwissenschaftler oder Ingenieur geht in der Regel nicht von einem Tag auf den anderen, ohne sein künftiges Betätigungsfeld zu kennen, von seiner gegenwärtigen Tätigkeit in die Politik bzw. öffentliche Verwaltung, denn er sollte nicht aus Frust über seine bisherige Arbeit oder aus anderen sachfremden Gründen, sondern mit der Überzeugung wechseln, in der neuen Tätigkeit Gutes bewirken zu können. Wenn es nicht - wie 1989/1990 - eine besondere Situation zu bewältigen gibt, ist dem Wechsel meistens eine bereits vorher stattgefundene längere erfolgreiche ehrenamtliche Tätigkeit in Parteien, Verbänden, Vereinen usw. vorausgegangen. Fördern wir den Gemeinsinn, stärken wir das Ehrenamt über die derzeitigen Maßnahmen hinaus. Das tut unserer Gesellschaft gut und dem beruflichen Austausch zwischen „normaler" Erwerbstätigkeit und Politik/öffentlicher Verwaltung genauso.

Dank an die ehem. Technische Hochschule Ilmenau

In Ilmenau wurden sehr erfolgreich Ingenieure ausgebildet mit einem auch im westlichen Ausland anerkannten Abschluss. Das verdanken wir der damaligen Leitung der Einrichtung, die periodisch wiederkehrende internationale Kolloquien ausrichtete, zu welchen Referenten und Gäste regelmäßig auch aus dem „nichtsozialistischen Weltsystem", wie es damals hieß, eingeladen wurden.

Es sind es vor allem starke Persönlichkeiten, für die ich großen Dank und Achtung empfinde, die neben ihrem beeindruckenden Wirken für Ausbildung und Forschung es fertigbrachten, gegenüber dem allmächtigen Staat ihre Eigenständigkeit und Menschlichkeit zu bewahren.

Zu ihnen gehört Professor Walther, unser Mathematikdozent, der neben seiner normalen Vorlesungstätigkeit mit großem persönlichem Einsatz vielen Studierenden unserer Seminargruppe bei der Prüfungsvorbereitung geholfen hat. Er war Mitglied der ersten und auch letzten frei gewählten DDR-Regierung. Leider ist er bereits verstorben.

Mein Dank gilt ebenfalls Herrn Dr. Klaus Bödrich, der in den siebziger Jahren als Oberassistent im Bereich Fertigungstechnik arbeitete, dem ich angehörte. Er erreichte sehr interessante Forschungsergebnisse, sorgte für einen starken Zusammenhalt unter den Kollegen des Bereiches und war nach der Wende viele Jahre als ehrenamtlicher Gemeinderat in Geraberg tätig.

Stephan Hloucal

Geboren 1952 und aufgewachsen in Weißenfels.
Seit 1978 verheiratet mit Frau Dipl.-Ing. Christina-Maria Hloucal, Ministerialrätin a. D., vier Kinder, sieben Enkelkinder.

Ausbildung:
Nach allgemeiner Schulbildung 1971 Abitur an der Erweiterten Goethe-Oberschule in Weißenfels. Von 1972 bis 1976 Studium der Informationstechnik und Theoretischen Elektrotechnik an der Technischen Hochschule Ilmenau, mit Abschluss Diplom auf dem Fachgebiet der Mikrowellentechnik.

Berufstätigkeit:
Von 1976 bis 1990 berufliche Tätigkeit im VEB Funkwerk/Mikroelektronik Erfurt auf dem Gebiet der elektronischen Messtechnik im Halbleiterbauelementeprüffeld und im Messgerätewerk. Von 1987 bis 1991 nebenberufliche Dozentur an der Ingenieurschule Eisleben, Fachgebiet Mess- und Prüftechnik. Von 1990 bis 1991 Angestellter und ab 1991 Beamter in der Thüringer Staatskanzlei und im Thüringer Kultusministerium. Ab 2006 folgte eine berufliche Selbstständigkeit im Bereich Erneuerbare Energien und Speichertechnologien. Regierungsdirektor a. D.

Ehrenämter:
Seit 1990 Vorsitzender des Thüringer Museums für Elektrotechnik e. V. Seit 2019 Gründungsvorstand der Stiftung Industriekultur Thüringen (i.G.).

Motivation für den Gang in Politik und Verwaltung

siehe Kapitel 1

Erreichte Ziele

Von 1990 bis 1998 durfte ich in der obersten Landesverwaltung an exponierter (politischer) Stelle, sowohl an strukturellen, als auch an gesetzgeberischen Entscheidungen mitwirken. Zunächst galt es 1990/91 viele alte, ideologisch belastete SED-Systemträger der ehemaligen DDR-Bezirksverwaltung aus der Thüringer Staatskanzlei zu entfernen. Ebenso konnte die Überprüfung aller Mitarbeiter der Thüringer Staatskanzlei und der Ministerien auf eventuelle offizielle oder inoffizielle Mitarbeit für das ehemaligen Ministerium für Staatssicherheit der DDR auf den Weg gebracht werden.

In dieser Zeit erhielt ich im Dienst mehrfach telefonische Morddrohungen. Es war eine sehr emotional aufgewühlte Zeit. Für mich war alles neu. So lernte ich Strukturen und Wirkungsweisen des demokratisch verfassten Rechtsstaats von innen her kennen, ohne Vorwissen bzw. ohne ein Verwaltungshochschulstudium absolviert zu haben. Von den damals aus Hessen und Rheinland-Pfalz kommenden Verwaltungshelfern konnte ich sehr viel lernen. Das war allerdings oft auch ein gegenseitiger Austausch, den in mancherlei Hinsicht konnte ich meine spezifisch ostdeutsche Sicht der Dinge und Erfahrungen vermitteln.

Erfolg und Enttäuschung

Im Jahr 1991 beauftragte mich der Chef der Staatskanzlei mit der Erstellung einer Kabinettvorlage, auf deren Grundlage die Überprüfung alle Mitarbeiter der Thüringer Staatskanzlei und der Ministerien auf eine Mitarbeit für das ehemaligen Ministerium für Staatssicherheit der DDR erfolgen konnte. Ebenso war mein Rat in Personalangelegenheiten, z.B-sp. bei der Berufung des Ausländerbeauftragten, bzw. in der Phase der demokratischen Umgestaltung der Medienlandschaft gefragt.

In meiner späteren Funktion als Leiter des Ministerbüros des Thüringer Kultusministers durfte ich an der demokratischen Umgestaltung des DDR-Volksbildungssystem zu einem neuen gegliederten Schulsystem mitwirken. Dies erfolgte sowohl bei Gesetzgebungsvorhaben, als auch in unzähligen Gesprächen mit Lehrern, Schüler- und Elternvertretern. In der Zeit der Lehrerbedarfsregulierung ging es zumeist darum, das neue demokratische Bildungssystem verständlich zu machen und für Solidarität und die neuen demokratischen Strukturen in Gesellschaft und Schule zu werben.

Die für mich größte Enttäuschung war damals die Rechtsprechung der Thüringer Arbeitsgerichtsbarkeit, die vielen ideologisch belasteten Lehrerinnen und Lehrern, denen zuvor eben aus diesem Grunde gekündigt worden waren, die Rückkehr in den Schuldienst ermöglichte.

Der Gang in die Politik oder Verwaltung als Vorteil?

Für mich war in den ersten Jahren die Tätigkeit in obersten Landesbehörden völlig neu. Das Studium befähigte mich zwar zu analytisch wissenschaftlichem Denken, aber das allein reichte nicht aus, um an der Nahtstelle zwischen Politik und Verwaltung tätig zu sein. Das politisches Kräftespiel zwischen den politischen Parteien im Thüringer Landtag, zwischen Medien, verschiedenen Interessenvertretern, Gewerkschaften, Kammern, Wirtschaftsverbänden, Landkreisen und kommunale Gebietskörperschaften, lässt sich nicht mit kybernetischen Modellen abbilden. Allerdings kann eine analytische Vorgehensweise bei der Lösung politischer Fragestellungen auch von Vorteil sein.

Lernerfahrungen

Die wichtigste Erfahrung für mich war, dass alles erlernbar ist. Vor allem die katholische Erziehung durch meine Eltern, die prägenden Erfahrungen in katholischen Jugendgruppen, in denen ich in Weißenfels aufwuchs, und das gelebte Demokratieverständnis in der Katholische Studentengemeinde Ilmenau, sowie das persönliche Erleben des DDR-Unrechtsstaates, in dem ich 38 Jahre lang in „Wohnhaft" war, waren für mich grundlegende Voraussetzungen für ein bruchloses Hineinwachsen in eine freie demokratische Grundordnung nach der Wiedervereinigung Deutschlands. Bei vielen Entscheidungen ist oft nur ein gesunder Menschenverstand notwendig, fernab jeglicher Ideologie. Hinzu kommt, dass ich in diesen Funktionen nur als aufmerksamer Zuhörer das Vertrauen der Gesprächspartner gewinnen und damit auch für Demokratie werben konnte. Gerade im Schulbereich half mir oft auch die Außensicht eines Nichtpädagogen.

Vorteile von Naturwissenschaftlern in Politik und/oder Verwaltung
Naturwissenschaftler und Ingenieure haben eine meist analytische Herangehensweise bei der Lösung von Problemen. Im politischen Handeln kann dies jedoch zu Problemen führen, da politische Entscheidungen oft auch eigenen Gesetzmäßigkeiten folgen.

Möglichkeit eines Transfers in Politik oder Verwaltung
Eine spezielle Ausbildung von Studenten an der TU Ilmenau für Aufgaben in Politik und Verwaltung ist meines Erachtens nicht erforderlich, vielmehr sollten angehende Ingenieur und Techniker befähigt werden, schon frühzeitig den interdisziplinären Dialog zwischen Politik-, Kultur-, Sozial-, Wirtschafts- und Ingenieurwissenschaften zu führen.

Dank an die ehem. Technische Hochschule Ilmenau
Ich habe von 1972 bis 1976 an der Technischen Hochschule Ilmenau Informationstechnik und Theoretische Elektrotechnik studiert und mit dem Diplom abgeschlossen. Damals war ein Teil der Lehre ideologisch überfrachtet, wogegen ich eine gewisse Abwehrhaltung entwickelte. Sehr dankbar bin ich jedoch für die solide, wissenschaftlich fundierte Ausbildung zum Diplomingenieur, die seinerzeit auch den internationalen Standards entsprach.

Prof. Dr. Benno Kaufhold

geboren am: 16. März 1953 in Hüpstedt

1973- 1977	Studium der Informationstechnik an der TH Ilmenau mit anschließender Tätigkeit als Angestellter an der TH/TU bis 1994.
1981	Promotion
1987	Habilitation
1990	Eintritt in die CDU
1990 bis 1994	Landrat des Kreises Ilmenau.
2006 bis 2012	Landrat des Ilm-Kreises

Motivation für den Gang in Politik und Verwaltung

siehe Kapitel 1

Erreichte Ziele

Meine drei wichtigsten Ziele als Landrat des Kreises Ilmenau waren:

1. Begleitung des wirtschaftlichen Strukturwandels durch den Zusammenbruch der Planwirtschaft in Ilmenau und Umgebung und Gestaltung einer künftigen technologieorientierten Ausrichtung der klein- und mittelständisch geprägten traditionellen Industrie, mit der Technischen Hochschule Ilmenau als Motor.
2. Ausnutzung aller Möglichkeiten zur Abfederung der sozialen Auswirkungen für die unverschuldet in Arbeitslosigkeit geratenen Bürgerinnen und Bürger; d. h. Mitwirkung beim Umbau der Planwirtschaft in eine sozial gerechte Marktwirtschaft, und sei es auch durch solche Maßnahmen wie z.B. der Gründung von Beschäftigungsgesellschaften.
3. Umgestaltung des sozialistisch geprägten Schulsystems zu einem gegliederten, modernen Bildungssystem mit Grund-, Regelschulen, Gymnasien, Berufsschulzentren und Sonderschulen für benachteiligte Kinder in unserer Gesellschaft. Zu diesem Themenkreis gehören auch der Aufbau der Volkshoch- und Musikschulen, die Über-

nahme des Ilmenau-Kollegs als zweiten Bildungsweg sowie die enge Zusammenarbeit mit der Technischen Hochschule Ilmenau.

Erfolg und Enttäuschung

Zu den größten Erfolgen zählt für mich der erfolgreiche wirtschaftliche Strukturwandel beim Umbau zur Technologie-Region Ilmenau mit Erweiterung auf die Technologie Region Ilmenau-Arnstadt. Unser Ilm-Kreis ist heute einer der wirtschaftlich stärksten Landkreise in Thüringen. Das ist der richtigen Weichenstellung nach der politischen Wende zu verdanken und den engagierten Unternehmerinnen und Unternehmern mit ihren fleißigen Mitarbeitern.
Eine große Enttäuschung habe ich kommunalpolitisch, abgesehen vom Kreissitzverlust nach der Gebietsreform 1994, nicht erlebt.

Der Gang in die Politik oder Verwaltung als Vorteil?

Eindeutig Ja!!! Meine Motivation bei der Amtsübernahme des Landkreisvorsitzes war die „Gestaltung" des Landkreises und nicht die „Verwaltung" einer Gebietskörperschaft als oberster Verwaltungsbeamter. Mein Handeln war geprägt von der Leitlinie, die aufzeigt „Was geht" und nicht nach dem Motto „Was nicht geht": das letztere Handeln wird häufig Verwaltungen unterstellt. Deshalb war für mich logisches Denken eine wichtige Prämisse bei der Vorbereitung und Umsetzung von Entscheidungen.

Lernerfahrungen

Meine wichtigsten Lernerfahrungen waren:

1. Logisches Denken hat nicht immer mit politischer Gestaltung zu tun oder drastischer: zwischen realer Politik und Vernunft durch logisches Denken liegt oft ein tiefer Graben; das war für mich eine ernüchternde Erfahrung.
2. „Einer für Alle und Alle für Einen"! Ohne Team und Teamarbeit mit den Mitverantwortung tragenden leitenden Kolleginnen und Kollegen sowie allen Mitarbeiten (Angestellten und Beamten) in ei-

ner Verwaltung kann kein Fortschritt oder bürgernahe Verwaltung als Dienstleister gestaltet werden. Ein Chef muss auch Kollege sein (können) und Vertrauen zu seinen Mitarbeitern haben.

3. Politikgestaltung bei unterschiedlichen Parteieninteressen ist nicht immer einfach; man muss Kompromisse eingehen können und dabei diplomatischen Umgang pflegen, auch wenn es manchmal sehr schwerfällt.

Vorteile von Naturwissenschaftlern in Politik und/oder Verwaltung

Ein Ingenieur lernt im Studium auf der Grundlage mathematischer und naturwissenschaftlicher Erkenntnisse logisches Denken und entwickelt dabei nachvollziehbare Methoden zur Lösung von Problemen; deshalb habe ich ein Ingenieurstudium in Ilmenau gewählt. Es liegt mir fern, erst in ein Gesetzbuch zu schauen und zu prüfen: Darfst Du das so entscheiden? Deshalb bin ich auch kein Jurist geworden. Manchmal war ich vielleicht zu eilig bei der Vorbereitung und Umsetzung von Entscheidungen, weil ich gedanklich bereits weiter war als meine Politikbegleiter in der Verwaltung, im Kreistag oder in der eigenen Fraktion.

Austausch zwischen Wissenschaft und Verwaltung

Hierbei geht es um das gegenseitige Verständnis beider Seiten – zum Einen der Politik, die einen Rahmen vorgibt und zum Anderen die Wissenschaft, die in der Freiheit von Forschung und Lehre die Verantwortung in der freiheitlichen Gesellschaft wahrzunehmen hat.

Verbesserungen sind u. a. nur durch eine bessere Kommunikation zwischen der Landespolitik und den Hochschuleinrichtungen unseres Freistaates zu erreichen. Dabei kann die Kommunikation nicht nur auf die exekutive Seite der Landesregierung verbessert werden, sondern muss auch durch die Legislative, durch alle Landtagsabgeordneten wahrgenommen werden.

Möglichkeit eines Transfers in Politik oder Verwaltung
Mein beruflicher Wechsel 1990 war ausschließlich den damaligen Bedingungen der deutschen Wiedervereinigung geschuldet. Unter den gegenwärtigen Bedingungen würde ich mir jedoch einen solchen, auch zeitweiligen, Wechsel aus meinem sehr schönen und einmaligen Ingenieurberuf reiflich überlegen.

Meinen Studierenden empfehle ich immer wieder den Blick und damit die bürgerliche Verantwortung auch in die ehrenamtliche Politik eines Gemeinde-, Stadtrates oder Kreistages schweifen zu lassen und verweise dabei auf meine Vorbildwirkung als Ein- und Aussteiger in und aus der Politik.
Ob ein Nischenangebot im Ilmenauer Hochschulstudium den Transfer Wissenschaft-Politik verbessern würde, kann ich nicht einschätzen. Aus meiner Sicht ist die Vorbildwirkung von Parteimitgliedern und deren politische Arbeit im Ehrenamt oder im Hauptamt eine größere Motivation für Studierende, sich auch in die Politik einzubringen.

Dank an die ehem. Technische Hochschule Ilmenau
Ich bedanke mich bei allen Hochschullehrern an der Technischen Hochschule Ilmenau, die mich in meinem Ingenieurstudium herausgefordert haben, wie z. B. bei Herrn Prof. Phillipow für die Elektrotechnischen Grundlagen oder bei Herrn Prof. Kreß, den ich als meinen Ziehvater in der Nachrichtentechnik hochschätze.

Thomas Kretschmer

geboren am: 20. Oktober 1954 in Magdeburg

Ausbildung:

1981	Dipl.-Ingenieur für Bauelemente-Elektronik an der TH Ilmenau
1983 bis 1985	postgraduales Studium an der Technischen Hochschule Karl-Marx-Stadt mit dem Abschluss als Fachingenieur für Mikroprozessortechnik.

Berufstätigkeit:

1982 bis 1991	Programmanalytiker und Softwareingenieur in Mühlhausen.
1990 bis 2008	Mitglied des Thüringer Landtages. Bei den Landtagswahlen 1994, 1999 und 2004 Direktkandidat über den Wahlkreis Unstrut-Hainich-Kreis I ins Parlament ein.
Bis 1994	war er im Landtag Vorsitzender des Wirtschaftsausschusses; im Anschluss daran übte er die Funktion des wirtschaftspolitischen Sprechers der CDU-Fraktion aus.
2008 bis 2013	Geschäftsführer der Gesellschaft für Arbeits- und Wirtschaftsförderung des Freistaates Thüringen mbH (GFAW) in Erfurt, einer Tochter der Thüringer Aufbaubank.
2013 bis 2014	Studium der Mediation an der Fachhochschule Erfurt.
2017	Zusatzqualifizierung von Lehrkräften im Bereich Deutsch als Zweitsprache. Seither freiberuflich als Dozent.

Ehrenamt:

	Kreistagsmitglied im Unstrut-Hainich-Kreis
Seit 2019	Vorsitzender des Kreistages
2015-2020	Vorsitzender des CDU-Kreisverbandes Unstrut-Hainich

Motivation, in die Politik zu gehen

Für die Veränderungen, die anstanden, braucht es Hände, und nicht nur Erzähler. Meine Maxime war, wo ich bin, kann kein anderer sein. Ich hatte einen Anspruch, eine neue Ordnung, eine Demokratie aufzubauen.

Das ließ sich nur aus der Position einer politischen Verantwortung machen. Es ging darum, unser Schicksal selber in die Hand zu nehmen. Denn die Zeit davor war im wesentlichen fremdbestimmt durch eine Diktatur. Diese Chance, jetzt selber etwas in die Hand zu nehmen, war eine tragende Linie meines Handelns.

Ich war als Diplomingenieur für Elektrotechnik in einem großen Betrieb, der unter anderem Taschenrechner fertigte, für Software und Software-gesteuerte Werkzeugmaschinen zuständig.

Erreichte Ziele

Aufbau eines stabilen demokratischen Systems, frischer Wind für die Wissenschaft ohne ideologische Regularien. Ich war u. a. verantwortlich für Verkehrspolitik und bin stolz darauf, dass wir viele schöne Autobahnen haben.

Erfolg und Enttäuschung

Ich durfte ein eigenes Gesetz schreiben, das Thüringer Ladenöffnungsgesetz. Normalerweise entwickeln Bürokraten diese Texte. Ich durfte das als Politiker machen und ich habe es ganz alleine geschrieben und durch den parlamentarischen Prozess gebracht. Die Ladenbesitzer wissen das selber und können das selbst bestimmen. Ich bin Christdemokrat und deshalb gibt es keine Öffnung am Sonntag und am Samstag nur bis 20 Uhr.

Die größte Enttäuschung ist, dass es auch unter Politikern der eigenen Fraktion Unehrlichkeit gab. Dass man merkte, die erzählen vorne das und machen hinten was ganz anderes. Eigentlich dachte ich, man ist als Fraktion eine verschworene Gemeinschaft, die gemeinsam ihre Projekte verwirklicht. Wir wollten doch eigentlich ein neues Gesellschafts-System aufbauen.

Vorteil als Wissenschaftler

Die Arbeitsweise des Ingenieurs hat mir sehr geholfen, die Aufbausituation damals zu meistern. Der Ingenieur erkennt ein Problem, er sucht eine Lösung. Er skizziert das Problem. Die Skizze ist die Sprache des Ingenieurs. Er wird es testen, ob es funktioniert. Und anschließend wird es umgesetzt. Diese Arbeitsweise, diese direkte Aufnehmen von Problemen, lösen und umsetzen, das hat sehr geholfen. Auch bei meinem eigenen Gesetz.

Lernerfahrungen

siehe Kapitel 3

Vorteile von Naturwissenschaftlern in Politik und/oder Verwaltung

Vor allem die Fähigkeiten des Ingenieurs - selber Material zu sammeln, mit Kollegen zu streiten, Selbstbewusstsein entwickeln, zu seinen Ideen zu stehen.

Im politischen Geschäft muss man Mehrheiten organisieren. Das ist ganz anders als in der Wissenschaft. In der Politik fangen sie in den Ortsbezirken an, die Menschen von sich und ihren Themen zu überzeugen. Nur dann können sie bei Wahlen in eine Verantwortung kommen.

Austausch zwischen Wissenschaft und Verwaltung

Ein Problem ist die unterschiedliche Herangehensweise des Wissenschaftlers und Politikers. Gut wären möglicherweise Praktika als regelmäßiger und substantieller Austausch. Wenn ein Politiker sich in die Verantwortung nehmen lässt, verlässt er seine berufliche Laufbahn. Wer in der Verwaltung war, hat ein Rückkehrrecht. Unternehmer oder Wissenschaftler aber oft nicht. Wenn ich fünf Jahre in meiner Wissenschaft nicht forsche, bin ich eigentlich draußen.

Möglichkeit eines Transfers in Politik oder Verwaltung
Was die Uni tun kann, ist Studenten zu ermuntern, zur Wahl zu gehen.

Dank an die ehem. Technische Hochschule Ilmenau
Als erstes bedanke ich mich, dass ich in Ilmenau meine Frau kennengelernt habe. Wir haben in diesem Jahr unser 40-jähriges Ehejubiläum.

Natürlich auch, dass ich die Unabhängigkeit im Denken dort mitbekommen habe. Das ist immer wieder die Grundlage und die Rückbesinnung auf die Wurzeln, die dort gelegt wurden. Und es gab eine sehr aktive christliche Studentengemeinde in Ilmenau mit dem Priester Georg Sammet, die meine christliche Verwurzelung neu bestärkt hat.

Dr. Michael Kummer

Geburtsdatum: 27. Mai 1957
Familienstand: verheiratet, vier erwachsene Kinder, davon eine eigene Tochter

Studium:

1978 – 1983	Studium an der Technischen Hochschule Ilmenau, Sektion „Physik und Technik elektronischer Bauelemente“
1982 – 1985	Forschungsstudium
1987	Promotion

Berufsarbeit:

1986	wissenschaftlicher Mitarbeiter am Zentralinstitut für Elektronenphysik der Akademie der Wissenschaften in Berlin
1990	Berufung in die Regierungskommission zur Kontrolle der Auflösung des ehem. Staatssicherheitsdienstes
1991	Mitarbeiter in der Koordinierungs- und Abwicklungsstelle der Institute der Akademie der Wissenschaften, Berlin
1992 – 1999	Referent im Bundesministerium für Bildung und Forschung, Bonn, Referate Mikroelektronik, Verkehrstechnik sowie Basistechnologien der Informations- und Kommunikationstechnik
2000	Thüringer Wirtschaftsministerium, Erfurt Referatsleiter , davon 4 Jahre Grundsatzreferat Forschung und Technologie, 6 Jahre Technologieförderung (EFRE/ Landesmittel)
seit 2010	Thüringer Wirtschaftsministerium/Umweltministerium, Erfurt Referatsleiter Krisenvorsorge Energie, technische Energieaufsicht, Landeskartellbehörde Energie

Motivation für den Gang in Politik und Verwaltung
siehe Kapitel 1

Erreichte Ziele

1. Aktiv einen Beitrag zum Gelingen der deutschen Einheit leisten zu können.
2. Wissenschafts- und Forschungsmanagement auf nationaler und europäischer Ebene mitgestalten zu können.
3. Den Aufbau einer international wettbewerbsfähigen Industrie in Deutschland unterstützen zu können.

Erfolg und Enttäuschung
Zu den größten Erfolgen zähle ich für mich

- die Mitarbeit an der erfolgreichen Ansiedlung der Siemens Chipfabriken in Dresden,
- die Mitarbeit an der Organisation und Förderung von Projekten zur 300mm-Wafer Technologie in Deutschland
- die Mitarbeit und erfolgreiche Förderung der europäischen Mikroelektronik-Programme JESSI und MEDEA.

Enttäuscht bin ich über die geopolitische Entwicklung seit etwa 2005 und das Wiedererstarken der alten Ressentiments des Westens gegenüber Russland. Das alte Blockdenken scheint noch immer nicht überwunden zu sein.

Vorteile von Naturwissenschaftlern in Politik und/oder Verwaltung
Der naturwissenschaftliche Hintergrund kann von Vorteil sein, aber nur in eng begrenzten Bereichen der Verwaltung. In den Bereichen der Administration und Förderung von Wissenschaft, Forschung und Entwicklung ist es großer Vorteil, in allen anderen Bereichen eher nicht. In der Politik, in Parlamenten ist es anders, hier kann eine Demokratie nur funktionieren, wenn die unterschiedlichsten Berufsgruppen vertreten sind.

Der Gang in die Politik oder Verwaltung als Vorteil?

1. Eine Marktwirtschaft ist im Zweifel immer besser als eine Planwirtschaft.
2. Der Umgang mit Steuergeld ist leider oft zu sorglos, obwohl niemand gern Steuern zahlt.
3. Deutschland ist nicht per se ein reiches Land, aller Reichtum muss im globalen Wettbewerb erarbeitet werden.

Am wichtigsten waren für mich die Fähigkeiten zu rationalem und analytischem Denken, das Erkennen von Zusammenhängen und das unbedingte Interesse an Lösungen für anstehende Probleme. Der größte Vorteil war die Vermeidung von Fehlern mit langfristigen Auswirkungen. Die Nachteile liegen m. E. darin, dass in der Politik häufig nicht rational die beste Lösung gesucht wird, sondern die Beschaffung von Mehrheiten und die Bekämpfung politischer Gegner im Vordergrund steht. Diese Eigenschaft ist aber nun einmal der Demokratie eigen, sie stellt ein konzentriertes Abbild der Bevölkerung dar, mit allen Vor- und Nachteilen.

Austausch zwischen Wissenschaft und Verwaltung

Wichtig wäre zunächst die Vermittlung von elementarem Wissen über die volkswirtschaftlichen Zusammenhänge. Der Austausch von Wissen über die Organisation, die finanzielle Basis und die wirtschaftlichen Grundlagen steht an erster Stelle, ist am schnellsten vermittelbar und kostet nicht viel.

Der personelle Wechsel ist immer eine ganz persönliche Entscheidung. Wer aus den Wissenschafts- und Forschungsbetrieb in Politik oder Verwaltung wechselt, sollte sich das reiflich überlegen, es ist in aller Regel eine Einbahnstraße. So wünschenswert es in einer Demokratie auch ist, diesen Wechsel zu ermöglichen, so schwierig ist es in der Realität. Wer für mehrere Jahre die Wissenschaft verlassen hat, der ist kaum noch mit dem aktuellen Stand der Wissenschaft vertraut, ja, er hat in großen Teilen sein Studium entwertet.

Wer sich allerdings dem Wissenschafts- und Forschungsmanagement verpflichtet fühlt und eher Generalist ist, dem können sich durchaus interessante Perspektiven eröffnen. Für die Demokratie ist es wichtig, dass alle Berufsgruppen in den Parlamenten vertreten sind.

Möglichkeit eines Transfers in Politik oder Verwaltung
Es kann nie schaden, über die Möglichkeiten zu informieren. Ob sich auch ein Nischenangebot zu Ausbildung lohnt, hängt sicher stark vom tatsächlichen Interesse und der Nachfrage ab. Dabei sollten Angebote aus dem Bereich VWL, BWL und Recht im Vordergrund stehen, vielleicht in Anlehnung an die Ausbildung von Wirtschaftsingenieuren. Die Zahl von Interessenten und Stellen dürfte relativ überschaubar sein. Die Zeit der Wiedervereinigung dürfte wohl eher als Ausnahmesituation zu betrachten sein.

Dank an die ehem. Technische Hochschule Ilmenau
Ich bin der TU Ilmenau überaus dankbar für die praxisnahe Vermittlung eines soliden Grundlagenwissens, das international große Anerkennung genießt. Diese Anerkennung habe ich in vielen Unternehmen und Forschungseinrichtungen gespürt, und das weit über die Grenzen Deutschlands hinaus. Die Konzentration auf technische Disziplinen ist sehr wichtig, andere Bereiche werden von vielen Universitäten und Hochschulen im Grunde überall in Deutschland abgedeckt.

Ursula Nirsberger

Geb. 10.04.1957 in Rudolstadt, verh., evang., 3 Kinder und 4 Enkel

Schulischer Werdegang:
1963 – 1971: POS „Geschwister Scholl“ in Bad Blankenburg
1971 – 1975: EOS „Theodor Neubauer“ in Rudolstadt
1975 – 1979: Studium an der damaligen Technischen Hochschule Ilmenau

Beruflicher Werdegang:

Seit Sept. 1979:	Diplomingenieurin für Elektrotechnik im damaligen VEB Elektroglas Ilmenau
Im Nov. 1990:	Wechsel in das damalige Landratsamt Ilmenau als Gleichstellungsbeauftragte
Seit Mai 1993:	Referentin in der Thüringer Staatskanzlei, zunächst bei der Landesfrauenbeauftragten

Ehrenamtliche Tätigkeiten:

1990:	stellvertretende Kreisvorsitzende der CDU im damaligen Kreis Ilmenau und FU-Vorsitzende in Ilmenau und später auch im Ilm-Kreis
1990:	Kreisrätin im damaligen Kreis Ilmenau bis zum Wechsel in die Verwaltung
1991 – 1996	Vorsitzende des Vereins „Frau AKTIV“
1994 – 2009:	Stadträtin und ehrenamtliche Beigeordnete der Stadt Ilmenau
2007 – 2017:	Vorsitzende des Vereins „Gesichter geben-Opfer der Diktatur von 1945-1989 in Ilmenau e.V.
Seit 2017:	Mitglied im Verein „Gegen Vergessen – Für Demokratie“ e.V.

Motivation für den Gang in Politik und Verwaltung
siehe Kapitel 1

Erreichte Ziele
Selbst Politik mitgestalten, bereits gemachte Erfahrungen einbringen und Verantwortung übernehmen

Erfolg und Enttäuschung
Erfolge: Ich sehe es als auch persönlichen Erfolg, damals als Gleichstellungsbeauftragte jetzt noch bestehende Einrichtungen und Netzwerke mit aufgebaut und als Stadträtin an der Gestaltung der Stadt Ilmenau mitgewirkt zu haben. Als Partnerschaftsbeauftragte der Stadt Ilmenau war ich an der „Herstellung" der wirklichen Einheit, an der Verständigung zwischen Ost- und West aktiv beteiligt.
Enttäuschungen: Unser Enthusiasmus und unsere Kreativität mussten oft den Problemen des Alltags mit all seinen bürokratischen Hürden weichen.
Es ist sehr enttäuschend, dass sich immer weniger Menschen ehrenamtlich engagieren. Ehrenamtliches Engagement wird oft zu gering geschätzt. Wenn ich an den Wiedervereinigungsprozess denke, sind auch heute noch nicht alle Mauern beseitigt.

Vorteile von Naturwissenschaftlern in Politik und/oder Verwaltung
Vielleicht im pragmatischen Herangehen an die Projekte. Es gibt immer eine Lösung.

Lernerfahrungen
Steter Tropfen höhlt den Stein.
Eine gesunde Kompromissfähigkeit ist unerlässlich für eine ausgewogene Politik.
Um den anderen zu verstehen, mindestens tausend Schritte in seinen Mokassins gehen.

Austausch zwischen Wissenschaft und Verwaltung
Ein Aufeinanderhören und gegenseitiges Vertrauen, wie es jetzt in der Coronakrise geschieht

Möglichkeit eines Transfers in Politik oder Verwaltung
Unbedingt. Es bringt gegenseitiges Vertrauen, ein Verständnis für Prozesse und entwickelt eine wirklich gute Streitkultur.

Dank an die ehem. Technische Hochschule Ilmenau
Auch, wenn die Seminargruppen zu DDR-Zeiten wohl eher eine Kontrollfunktion hatten, bin ich dankbar, dass die Verbundenheit der Gruppe bis heute da ist und man sich nach über 40 Jahren immer noch jährlich trifft.
Dankbar bin ich für gute und gradlinige Lehrer.
Die ehemalige Technische Hochschule war ein Ort der Kultur, was mich auch sehr geprägt hat.

Johannes Nitsch

geboren am 24. März 1937 in Freudenberg, Kreis Rößel/Ostpreußen in einer Bauernfamilie
katholisch; verheiratet, drei Töchter.

1943/44	Volksschule Freudenberg
Okt.1944 bis Juni 1947	ohne Schulbildung
1947 – 1952	Grundschule Aken/Elbe, Kreis Köthen 8-Klassen-Abschluss
1952 – 1956	Goethe-Oberschule Köthen/Anh. Abitur
1956 – 1962	Hochschlule für Elektrotechnik Ilmenau/Th
1962	Diplomingenieur (Starkstromtechnik und Energietechnik), HfE Ilmenau
1962 – 1990	VEB Energiebau Radebeul/Dresden, (bis 2006 ABB Energiebau GmbH, Dresden)
1962 – 1965	Bauleitung Saalfeld und Oberbauleitung Dresden
1965 – Mai 1990	Abteilungsleiter Produktionslenkung (Hochspannungsfreileitungen, Umspannwerke und Umformerwerke ab 110 KV)
August 1989	Eintritt in die CDU
Dez.1989 – Sept 1990	Mitglied des Hauptvorstandes der Ost-CDU
18.03.1990	Abgeordneter der 10. Volkskammer, der ersten frei gewählten Volkskammer der damaligen DDR (MdV).

Mitglied der Volkskammer vom 18. März bis 2. Oktober 1990, wirtschaftspolitischer Sprecher und stellvertretender Fraktionsvorsitzender der CDU/DA-Fraktion, Mitglied der Volkskammerausschüsse Wirtschaft und Deutsche Einheit.
Juni 1990-Oktober 1990 Treuhänder der Energiebau GmbH Dresden (in Gründung) der Treuhandanstalt
3. Oktober 1990 bis November 1998 Mitglied des Deutschen Bundestages (MdB)

Februar 1991 bis Oktober 1994 stellvertretender Fraktionsvorsitzender der CDU/CSU-Fraktion (Fachbereiche Forschung und Technologie, Post und Telekommunikation, Raumordnung, Bauwesen und Städtebau, Koordinierung Neue Bundesländer),
Vorsitzender der Kommission Wiederaufbau Neue Bundesländer;
Mitglied im 2. Untersuchungsausschuss der 12. Wahlperiode

1994 bis 1998	Parlamentarischer Staatssekretär beim Bundesminister für Verkehr
1999 – 2010	Mitglied des Kuratoriums der Hochschule für Technik und Wirtschaft Dresden
2002 – 2008	Mitglied des Aufsichtsrates der Flughafen AG Leipzig/ Halle/ Dresden
seit 2002	Mitglied des Ätestenrates der CDU Deutschland

Motivation für den Gang in Politik und Verwaltung
siehe Kapitel 1

Erreichte Ziele
Meine Motivation und die Ziele, die ich in der Politik erreichen wollte, kann ich vielleicht so zusammenfassen:

1. den kleineren Teil Deutschlands für eine Wiedervereinigung bewahren, indem der Kreis der Menschen, die an eine Wiedervereinigung glaubten, nicht kleiner wurde. Ziel wurde voll erreicht.
2. keinen Sozialismus in welcher Gestalt auch immer, insbesondere sollten die unter dem Deckmantel des Sozialismus vollbrachten kommunistischen Verbrechen und die Gewaltherrschaft in großen Teilen der Welt und in Osteuropa ein Ende finde. Das Ziel ist gewaltig und kann vielleicht nur zeitweise erreicht werden. Zeitweilig wurde es auch erreicht, besonders die Völker Mitteleuropas haben sich neu gefunden.
3. Gerechtigkeit, Frieden und Bewahrung der Schöpfung, das Dokument des konziliaren Prozesses von Dresden sollte auch in der Politik seine Umsetzung finden. Die schweren Zerstörungen der Natur

und Landschaft mussten aufhören und so weit als möglich rückgängig gemacht werden. Auch diese Ziele sind groß und bleiben Ziele. Für den Bereich der damaligen DDR sind Träume in Erfüllung gegangen.

Erfolg und Enttäuschung

Es gibt einige Dinge auf die ich ein wenig stolz sein kann. Der für die Wirtschaft größte Erfolg ist mein Beitrag zur Erhaltung des Industrienahen Forschungspotentials der ehemaligen DDR.

Vorteile von Naturwissenschaftlern in Politik und/oder Verwaltung

Alle notwendigen Fähigkeiten in der Wirtschaft und in der Politik hängen mit den Kenntnissen zusammen, die auf das Studium in Ilmenau zurückzuführen sind. Die hauptsächlichsten Vorteile, die ich in der Politik glaubte zu haben, stammen aus der Berufstätigkeit im VEB Energiebau. Die Arbeit als Leiter der Abteilung operative Produktionsplanung und Produktionslenkung für ein Unternehmen mit über 1000 Produktionsarbeitern, die täglich an bis zu 60 Orten im Einsatz waren, hat sehr nützliche Fähigkeiten bei mir entwickelt.

Die Nachteile, so wie ich sie empfunden habe, liegen darin, dass ein Techniker der Redekunst des Parlaments zunächst nicht gewachsen ist. Die Nicht-Techniker, z.B. Juristen und Theologen, sind in der Lage, ein Thema, das ihnen wichtig ist, in immer neuen Varianten und Nuancen vorzutragen und jede Redezeit zu überziehen.

Der Techniker trägt den Sachverhalt einmal vor und überzieht die Redezeit nicht. Die Mehrzahl der Abgeordneten hat am Ende seines Vortrags noch nicht einmal angefangen zuzuhören. Sie sind es gewohnt, dass das Thema wiederholt wird und es sich nicht lohnt, von Anfang an ganz Ohr zu sein. Außerdem ist ihm in seinem Studium nie etwas über die Kunst der Rede gelehrt worden. Warum auch?

Austausch zwischen Wissenschaft und Verwaltung
Der Austausch zwischen Wissenschaft und Politik findet statt. Die Politik verfolgt aber eigene Ziele. Es werden meist nur die Ergebnisse der Wissenschaft akzeptiert, die den augenblicklichen politischen Zielen dienen. Dazu ließen sich jetzt viele Beispiele aufführen, aber das ist nicht Sinn dieser Frage.

Der Austausch zwischen Politik und Wissenschaft muss meiner Meinung nach anders organisiert werden. Die Ergebnisse der Wissenschaft müssen Bestandteil einer öffentlichen Diskussion werden. Die Medien sind teilweise interessengesteuert und überbetonen oder verschweigen wissenschaftliche Erkenntnisse. Ich wünschte mir eine neue zusätzliche Medienlandschaft, die ohne jede Interessenabwägung nur die Erkenntnisse selbst bedient.

Möglichkeit eines Transfers in Politik oder Verwaltung
Nein, dazu sind die Kapazitäten an den Universitäten nicht vorhanden und auch nicht erforderlich. Der Wechsel in die Politik unterliegt sehr vielen Gegebenheiten. Die Parteien sind nach dem Grundgesetz zur politischen Willensbildung verpflichtet und aus ihren Reihen werden sich die Vertreter des Volkes auswählen lassen. Seiteneinsteiger hat es immer gegeben und wird es auch in Zukunft geben. Das ist auch ein Vorteil.

Zur Zeit ist allerdings die Anwesenheit bestimmter Berufsgruppen in den Parlamenten überproportional und anderer verschwindend klein. Eine Quotenregelung wie bei den Geschlechtern könnte Abhilfe schaffen. Dies könnte auch über die über die Parteien erfolgen.

Mein Wechsel in die Politik habe ich oben beschrieben. Nach wie vor war damals die Alternative auch in den Westen zu gehen oder sich einmischen. Viele haben sich dann genauso wie ich für das Einmischen entschieden. Viele Abgeordnete der einzig frei gewählten Volkskammer, sind nach der Erfüllung des Auftrages aus der Wahl vom 18.März

1990, die Einheit Deutschlands herzustellen, nicht in der Politik geblieben sondern in den Beruf zurück gekehrt oder in der Arbeitslosigkeit gelandet.

Auch mein Wechsel in die Politik ist einzig den Zeitläufen der friedlichen Revolution zuzuschreiben. Eigentlich bin ich ein Mensch der Wirtschaft geblieben. Ich hatte das Glück, in der Volkskammer und in den beiden Wahlperioden des Bundestages mit der Forschung und Wirtschaft eng verbunden zu sein. Die größte Befriedigung war es, große Bereiche der industrienahen Forschung der damaligen DDR erhalten zu können.

Als Parlamentarischer Staatssekretär im Bundesverkehrsministerium konnte ich mich wieder mit langfristig laufenden Investitionen auseinandersetzen. Brücken, Autobahnen und Schienenwege sind im Baugeschehen fast identisch mit den in DDR-Zeiten betreuten Energieverteilungsanlagen.

Dank an die ehem. Technische Hochschule Ilmenau

Im Rückblick fällt mir keine Sache ein, für die ich mich bedanken könnte. Es war eine Zeit des Aufbaus der Hochschule, mit vielen Provisorien. So provisorisch auch die äußeren Gegebenheiten waren, so perfekt möchte ich die menschliche und persönliche Atmosphäre bezeichnen. Auch heute fühle ich mich meiner Alma Mater innerlich sehr verbunden und blicke gern auf die Zeit des aktiven Studiums von 1956-1962 zurück. Es waren prägende und glückliche Jahre.

Michael Pabst

geb. 26.11.1955
wohnhaft seitdem in Bad Blankenburg/ Thüringen auf großelterlichem Bauernhof in 3. Generation
verheiratet seit 1980, seit 1983 eine Tochter
evangelisch

1974	Abitur
danach	18 Monate Grundwehrdienst an der Berliner Mauer
1976 bis 1981	Studium TH-Ilmenau und Abschluss als Diplomingenieur Mess- und Schaltungstechnik
1981 bis 1990	Entwicklungsingenieur für rechnergestützte Messtechnik im VEB Antennenwerk Bad Blankenburg,
Mitte 80er Jahre	Postgraduales Studium der Mikroprozessortechnik an der TH Ilmenau mit Abschluss als Fachingenieur für Prozessortechnik
seit 1981	Mitglied der CDU
Mai 1990 bis Juni 2006	hauptamtlicher Bürgermeister der Stadt Bad Blankenburg
Anfang der 90er Jahre	2 Jahre Fernstudium an der Thüringer Verwaltungsschule, Verwaltungslehrgang II, Abschluss als Verwaltungsfachwirt für den höheren Dienst
2000 bis 2006	Präsident des Gemeinde- und Städtebundes Thüringen im Ehrenamt
nach 2006	zeitweise Tätigkeit als Berater für Energietechnik/Kommunalwirtschaft, daneben umfangreich tätig im ehrenamtlichen Bereich der Kommunalpolitik (Stadtrat und Kreistag) und auf allen Ebenen der evangelischen Kirche (Gemeindekirchenrat, Kreis- und Landessynode) und Vorsitzender des Kirchenbauvereines der St. Nikolai Kirche in Bad Blankenburg

Motivation für den Gang in Politik und Verwaltung

Um diese Frage zu beantworten muss ich bis zum Ende meines Studiums 1981 zurückgehen und meinen politischen Werdegang aufzeigen.

Nach Arbeitsbeginn im VEB Antennenwerk Bad Blankenburg sah ich mich von Seiten meiner Vorgesetzten einem ständigem Druck ausgesetzt, doch nun endlich der SED beizutreten. Meine Hinweise auf die m. E. Unvereinbarkeit meines christlichen Glaubens mit den Statuten der SED halfen nicht. So blieb nur die Flucht in eine Blockpartei, die CDU. Dort wurde ich mit offenen Armen aufgenommen und nach relativ kurzer Zeit auf ein Kreistagsmandat gesetzt. Diese Funktion erlaubte es mir, einige Probleme im Wohngebiet einer Lösung zuzuführen, indem ich die verantwortlichen Funktionäre mit ihren eigenen Parolen – „Alles zum Wohle der Arbeiterklasse" – zum Handeln zwang. Logisch denken hatte ich im Studium gelernt und jetzt lernte ich reden und argumentieren.

Dann kam Sommer und Herbst 1989 und da musste ich dabei sein. Wir organisierten Demos und Friedensgebete und den Runden Tisch in unserer Stadt. Dann die Kommunalwahlen und die Frage „Kandidatur für die Stadtverordnetenversammlung oder nicht"? Eigentlich war ich mit Leib und Seele Mikroelektroniker und wollte dies unter den neuen Möglichkeiten auch bleiben. ABER wir hatten etwas auf den Weg gebracht und es musste weiter gehen. Deshalb kandidierte ich für die Stadtverordnetenversammlung und bekam mit weitem Abstand die meisten Stimmen.

Somit war klar, ich musste als hauptamtlicher Bürgermeister kandidieren und wurde mit großer Mehrheit von der Stadtverordnetenversammlung gewählt. Die Entscheidung für dieses Amt war eine der Schwersten in meinem Leben und diese konnte ich nur im Einvernehmen mit meiner Frau und dem Segen unseres Herrgottes treffen. So kam ich in die Verwaltung und Kommunalpolitik.

Erreichte Ziele
Ziele hatten wir viele, realistische und unrealistisch, aber den Unterschied kannten wir erst hinterher. Mein größter Antrieb war, zu beweisen, dass wir es besser können als die beiden Diktaturen vor uns. Neben all den vielen sachlichen Problemen infrastruktureller Art: -Zustand der Wohngebäude, -Straßenzustand,- Umwelt und Luftqualität, - Zustand der Industriebetriebe, und, und und … mussten auch ideelle Fragen im Zusammenleben der Bürger der Stadt bearbeitet werden.

Im Ergebnis meiner 16 Jahre als hauptamtlicher Bürgermeister erlaube ich mir einzuschätzen, dass wir unseren Zielen aus dem Herbst 89 in vielen Dingen sehr nahe gekommen sind und auch viel erreicht haben, von dem damals nicht zu träumen gewagt hätten.

Erfolg und Enttäuschung
Mein größter Erfolg, den ich auch als Würdigung meiner Bürgermeisterarbeit sehe, war meine Wahl zum Präsidenten des Gemeinde- und Städtebundes Thüringen von 2000 bis 2006. Ebenso auch die Amtszeit von insgesamt 16 Jahren.
Es gab viele Einzelerfolge wie z. B. die Entwicklung und Erschließung eines neuen Wohngebietes, die Komplettsanierung von über 1000 Wohnungen aus Wismutzeiten, die Entwicklung eines Fernwärmenetzes, die Altstadtsanierung, grundhafte Erneuerung der Infrastruktur im Gewerbegebiet, Erschließung der Heilquelle „St. Antonius“, quasi Neubau der Stadthalle, Sanierung des denkmalgeschützten Rathauses, Sanierung der B 88 auf der gesamten Ortsdurchfahrtslänge.
Aber auch die jederzeit sehr gute Zusammenarbeit zwischen Rathaus und den kirchlichen Einrichtungen in Bad Blankenburg sehe ich als Erfolg.

Meine größte Enttäuschung war die verlorene Wahl 2006. Ich verlor in der Stichwahl mit wenigen Stimmen gegen einen Altkader der Linken. Ebenso bin ich enttäuscht über das schnelle Vergessen der tatsächlichen vielen negativen Lebensumstände vor 1990, sowohl im materiellen als auch ideellem Bereich.

Zitat: „ Der Mensch sieht nicht, was er hat, aber er weiss, was ihm fehlt“

Der Gang in die Politik oder Verwaltung als Vorteil?
Ja, als ausgebildeter Techniker hat man klaren Vorteil. Wir sind ziel- und lösungsorientiert ausgebildet und denken und handeln vorwiegend pragmatisch, im Gegensatz zu „Reichsbedenkenträgern“.

Unsere Sektion an der TH Ilmenau nannte sich „Informationstechnik und theoretische Elektrotechnik“. Ich denke, aus dem dort vermittelten Wissen resultiert der Umgang mit Informationen, im Gegensatz zu Spekulationen und Hypothesen.

Nachteile gibt es m. E. keine, außer vielleicht, dass man nicht immer von anderen verstanden wird und die Gedankengänge und Handlungen eines technisch ausgebildeten Menschen von reinen Verwaltungsmenschen nicht verstanden werden.

Lernerfahrungen
Strukturierte Teamarbeit und konkrete Aufgabenteilung in Verbindung mit Konsequenz und ehrlichem Umgang sind erfolgsträchtig.

Nur reden und diskutieren ist zu wenig, es muss auch etwas aufgeschrieben und verbindlich formuliert werden.
Vertrauen und Kontrolle müssen im ausgewogenen Verhältnis stehen.

Austausch zwischen Wissenschaft und Verwaltung
Dies ist nicht leicht. Es setzt zunächst mal den gegenseitigen Willen voraus, diesen Austausch zu vollziehen. Problem ist dabei auch, dass Wissenschaft auf Wissen beruht und politisches Handeln sehr oft zum großen Teil durch gesellschaftliche Stimmungen und Strömungen geprägt ist. Ideal wäre, wenn sich Politik auf Wissenschaft stützen würde und nicht zu stark an Wahlerfolgen orientiert wäre.

Möglichkeit eines Transfers in Politik oder Verwaltung
Informieren JA, ausbilden NEIN.
Einzelne Wechsel von Wissenschaft/Technik in die Politik wird es immer (hoffentlich!) geben, vor allem im kommunalen Bereich. In so großer Zahl wie 1990 aber wohl nicht, dass war eine besondere Situation. Die Berufsbilder der nach der friedlichen Revolution gewählten ersten Generation von hauptamtlichen Bürgermeistern und Landräten bringen dies klar zum Ausdruck im Gegensatz zu den heutigen Amtsträgern.

Dank an die ehem. Technische Hochschule Ilmenau
Natürlich als erstes für die sehr gute fachliche Ausbildung. Zu unserer Zeit war es ein Privileg und Qualitätsmerkmal ein Absolvent der TH Ilmenau zu sein. Wir waren, und sind, stolz Diplomingenieure von der TH zu sein. Auf Grundlage dieser Ausbildung konnte ich 10 Jahre rechnergestützte Messtechnik für die Autoradio- und Antennentechnik mitentwickeln, die 1989 bei einem Joint Venture mit Blaupunkt Hildesheim von den dortigen Fachkollegen sehr anerkannt wurde.
Des Weiteren glaube ich zu erinnern, dass im Wesentlichen alle Professoren, Dozenten und SG- Betreuer für uns als Studenten bei Problemen ansprechbar waren.

Das „Sahnehäubchen" für unser SG 202-76 war aber die Unterbringung über die gesamte Studienzeit, Sept. 1976-Feb.1981, im alten Hotel „Tanne" im Stadtzentrum von Ilmenau. Wir hatten dort eine Art Studentenkommune und dass war für unser fachliches Leben UND für die Freizeitgestaltung von unschätzbarem Wert. Man könnte ein Buch schreiben über diese Zeit.

Dr. oec. habil. Joachim Pampel

Jan. 1942	in Chemnitz geboren, verheiratet, eine Tochter
1960 bis 1964	Ökonomie-Studium (Fachrichtung Industrieökonomie) in Berlin; Abschluss mit dem Staatsexamen als Diplom-Wirtschaftler
1964 bis 1965	Tätigkeit als Marktforscher im VEB Büromaschinenwerk Optima in Erfurt
1965 bis 1968	Planungsleiter im VEB Elektroglas (später dann Mikroelektronik) in Ilmenau
Ab Herbst 1968	Tätigkeit in Lehre und Forschung als wissenschaftlicher Assistent an der Technischen Hochschule Ilmenau im Bereich Betriebswirtschaft
1974	Promotion zum Dr.oec. an der TH Ilmenau (auf dem Gebiet Leitungswissenschaft)
Ab Ende 1980	(nach der Ablegung der „facultas docendi“ an der Uni Jena) dann Wissenschaftlicher Oberassistent
1975 bis 1982	Forschung auf den Gebieten „Wirtschaftsorganisation“ (Zentrale Fertigungen) sowie „Einsatzvorbereitung und Nutzeffektberechnung von Industrierobotertechnik“ neben der Lehrtätigkeit
Ab 1983	Forschung auf dem Gebiet „Organisation und Flexibilität prozessbezogener Automatisierungslösungen in der Fertigung“ neben der Lehrausübung
Juli 1990	Habilitation an der TH Ilmenau (zunächst zum Dr. sc.oec., im Juli Umwandlung zum Dr. oec. habil.)
Ab März 1992	Aufnahme der Tätigkeit als Referatsleiter „Industriepolitik“ im Thüringer Wirtschaftsministerium in Erfurt

1993	Verbeamtung und Ernennung zum Regierungsdirektor
Ab Anfang 1996	dann Referatsleiter „Konjunkturbeobachtung, Wirtschafts- und Arbeitsmarktstatistik“
Ab Oktober 2000	Ernennung zum Ministerialrat
Ab Februar 2004	Vorruhestand (Beginn der passiven Phase der Altersteilzeit)
Ab Februar 2007	Rentner und Pensionär

Sonstiges: Mehr als 80 Veröffentlichungen in Fachzeitschriften

Motivation für den Gang in Politik und Verwaltung
Es waren vor allem die ganzen unsicheren Umständen, die ganze Entwicklung in dieser wirren „Nachwende-Zeit“, auch Irrwege und glückliche Fügungen, die mich schließlich Anfang 1992 in die Verwaltung brachten.

Erreichte Ziele
Für mich war das am März 1992 die Beendung meiner recht unklaren Zukunft und der Unsicherheit meines langjährigen Arbeitsplatzes an der THI sowie der Sorgen um die eventuellen bedrohlichen Folgen für meine gesamte Familie durch eine noch mögliche Arbeitslosigkeit. Somit fand die in diesen unsteten Zeiten bestehende Existenzangst für uns alle durch meinen Wechsel in das Thüringer Wirtschaftsministerium glücklicherweise ein Ende!
Damit konnte ich schließlich hier im Bundesland Thüringen weiter arbeiten. Nicht zuletzt konnte ich damit auch im Land aktiv an der Gestaltung und Veränderung der Wirtschaft etwas mitwirken. Dafür nahm ich die extensiven Längen meiner Arbeitstage und oftmals auch die zahlreichen arbeitsreichen Wochenenden gern in Kauf.

Erfolg und Enttäuschung
Bereits in den beiden ersten Jahren meiner Tätigkeit (etwa 1992/1993) bekam ich den Auftrag, eine Kabinett-Vorlage zu erarbeiten, die Basis

für eine Entscheidung sein sollte, ob, wo und in welchem Umfang Teile der Branche Mikroelektronik in Thüringen zu erhalten sind. Im Ergebnis der Vorlage wurde dies positiv entschieden und die Resultate davon sind u. a. vor allem, nicht aber nur dort, mit einer Vielzahl von Unternehmen auf dem Industriegebiet Erfurt-Südost heute noch sichtbar.

In der Zeit als Referatsleiter „Statistik" hatte ich mit meinen Mitarbeitern/-innen ab 1995 alljährlich einen Jahreswirtschaftsbericht bzw. später Jahreswirtschafts- und Mittelstands-Bericht für Thüringen zu erstellen. Dazu bedurfte es der Einbeziehung aller Fachabteilungen des Hauses. Dazu mussten einige Abschnitte selbst erarbeitet, viele Zuarbeiten abgefordert, dann redigiert und letztlich druckreif gemacht werden. Ich hatte dabei die Federführung für diese „Mammut-Aufgabe", deren Umfang stets bei ca. 200 Seiten lag und die uns, neben dem Tagesgeschäft über mehrere Wochen sehr intensiv beschäftigte.

Eine große Enttäuschung war die Schließung des Kali-Werkes Bischofferode im Jahr 1993/94 als eines von den letzten noch verbliebenen Kali-Werken Thüringens. Trotz aller Bemühungen auch des Wirtschaftsministeriums konnte das schließlich nicht verhindert werden! Bedauerlicherweise erhielt dabei selbst der Thüringer Wirtschaftsminister damals keine Einsichtnahme in den von der THA geschlossenen Vertrag mit der Kali & Salz AG.

Vorteile von Wissenschaftlern in Politik und/oder Verwaltung

1. das analytische und systematisierende Arbeiten an Problemlösungen (für jegliche Forschung ein unabdingbares Erfordernis).
2. das klare und verständliche Formulieren von Sachverhalten
3. keine Scheu vor größeren Menschengruppen zu sprechen
4. das strikte Verteidigen eigener Positionen in strittigen Diskussionen, sofern die Argumente der anderen Seite nicht überzeugender sind (also Verzicht auf Dogmatismus!).
5. das Vermögen, Teamarbeit organisieren zu können, aber zugleich aber auch über Teamfähigkeit zu verfügen

6. das Zeigen von Durchhaltevermögen und Hartnäckigkeit beim Erreichen angestrebter Ziele (Wer promovieren und habilitieren wollte, musste für sehr viele Jahre auf sehr viel verzichten.
7. der zumeist verständnisvolle Umgang mit jüngeren Menschen

Begünstigend empfand ich zu Beginn meiner Tätigkeit im Ministerium Anfang 1992, dass fast alle hier in der Verwaltung damals Lernende und Seiteneinsteiger waren! Heute wäre das wohl kaum noch so möglich. Sehr hilfreich in Bezug auf die Aneignung von noch fehlenden Kenntnissen beim Verwaltungshandeln fand ich die von der Staatskanzlei organisierten mehrwöchigen Internats-Lehrgänge, von denen auch ich zwei absolvierte.

Durch meine vielseitige Forschungstätigkeit an der THI hatte ich gute Einblicke in verschiedene Branchen der Thüringer Industrie zu DDR-Zeiten bekommen, die sich für meine Tätigkeit im Wirtschaftsministerium so als sehr nützlich erwiesen.

Lernerfahrungen
Fast jeder Arbeitstag verlief meist anders als von mir geplant (Ursache: Meist kurzfristig eingehende Abforderungen, die oft innerhalb von nur wenigen Stunden abzuliefern waren!).

Längerfristig zu erledigende, oft komplexe Aufgaben mussten immer wieder unterbrochen werden, was dann zur erneuten Einarbeitung zwang und zu oftmals erheblichem zeitlichem Mehraufwand führte. Für den, der an eine kontinuierliche wissenschaftliche Arbeitsweise in Ruhe und mit Konzentration gewohnt war, war das ein völlig anderer Arbeitsstil und erforderte Eingewöhnung.

Möglichkeit eines Transfers in Politik oder Verwaltung
Nach meinem Verständnis könnte aber z. B. schon heute relativ problemlos ein Einsatz von Absolventen, die auf den Gebieten IT oder Medienwissenschaften studierten, sofort in der Verwaltung erfolgen.

Dort herrscht ein immenser Bedarf an Personen mit entsprechenden Fachkenntnissen (nicht nur z. B. bei der Polizei, dem Zoll, in Job-Centern, sondern auch direkt in den Verwaltungen bei Bund, Ländern und Kreisen durch die immer schneller fortschreitende Digitalisierung aller Bereiche.

Für potentielle Interessenten einer künftigen Arbeit in einer Verwaltung könnte ich mir bei entsprechendem Bedarf eventuell Angebote im Rahmen des „Studium generale" an der TUI vorstellen! Eine spezielle Ausbildung für die Verwaltung sollte ansonsten aber den bestehenden Verwaltungs-Hochschulen vorbehalten bleiben.

Dank an die ehem. Technische Hochschule Ilmenau
Vor allem dafür, dass ich dort mehr als 23 Jahre meine wissenschaftliche Heimat hatte und als Diplom-Wirtschaftler dort 1974 promovieren und im Juli 1990 auch habilitieren konnte. Ich war hier immer aktiv in die Lehre eingebunden und konnte so an der Ausbildung vieler junger Menschen mitwirken.

Dr.-Ing. Uta Rensch

geboren: 28. Juni 1952 in Baalsdorf bei Leipzig
verwitwet, zwei Kinder

Ausbildung:

1975	Diplomingenieur für physikalische Metallkunde, Technischen Universität Bergakademie Freiberg
1975 bis 1986	wissenschaftliche Assistentin der Sektion Physik und Technik elektronischer Bauelemente an der TH Ilmenau.
1983	Promotion als Doktoringenieur für Elektronik-Werkstofftechnik an der TH Ilmenau

Berufliche Tätigkeit:

1986 bis 1991	wissenschaftliche Mitarbeiterin am Institut für Nichteisenmetalle Freiberg.
1991 bis 1994	Dozent für Erwachsenenqualifizierung am Computerbildungszentrum Freiberg
1994 bis 1997	Mitarbeiterin am Umwelttechnik Technologiezentrum Freiberg
1997 bis 2001	wissenschaftliche Mitarbeiterin in Forschungsprojekten an der Technischen Universität Bergakademie Freiberg. Sie schrieb während ihrer wissenschaftlichen Tätigkeit ca. 15 Veröffentlichungen in Fachzeitschriften.
2000	Eintritt in die SPD
2001 bis 2008	Oberbürgermeisterin von Freiberg i. Sachsen
Seit März 2009	ist Rensch Geschäftsführerin der Landesexzellenzinitiative für Funktionales Strukturdesign neuer Hochleistungswerkstoffe durch Atomares Design und Defekt-Engineering (ADDE) an der TU Bergakademie Freiberg.
seit Sept. 2016	im Ruhestand

Motivation für den Gang in Politik und Verwaltung

Vor der Stadtratswahl 1999 wurde ich gefragt, ob ich für die SPD kandidieren wolle. Ich stimmte zu, denn ich wollte mich gesellschaftlich engagieren, da es nach der Wiedervereinigung noch eine Menge zu tun gab und weil in Freiberg nicht alle Entwicklungen so verliefen, wie sich das viele, inklusive mir, vorstellten.

Vor der Oberbürgermeisterwahl 2001 bat man mich dann, für dieses Amt zu kandidieren. Das war für mich zunächst nicht vorstellbar. Nach den weitreichenden Umbrüchen der Wendezeit einschließlich Arbeitslosigkeit und Weiterbildung, dem Tod meines ältesten von drei Söhnen und der schweren Herzerkrankung meines Ehemannes, wo nach einer gerade erfolgreich durchgeführten Herztransplantation Grund zur Hoffnung auf eine bessere Zukunft bestand, hatte ich erst wieder in meinem Beruf Fuß gefasst. Die Forschungsarbeit an der TU Bergakademie machte mir großen Spaß. Ich besaß außer als Stadtrat keine weiteren politischen Erfahrungen.

Deshalb sagte ich lange Zeit nein zu einer Kandidatur. Es wurde aber nicht locker gelassen und man meinte, solche wie mich mit einem neuen, frischen Blick auf die Dinge und Erfahrung in verschiedenen Lebensbereichen würde man jetzt brauchen. Außerdem hätte es viele Quereinsteiger nach der Wende gegeben, die sich bewährt hatten.

Der Ausgang der Wahl bei noch weiteren drei Bewerbern wurde eindeutig zu meinen Gunsten entschieden. Viele freuten sich, nicht wenige sahen es kritisch und waren nicht begeistert. Es lag nun an mir, die Skeptiker zu überzeugen.

Erreichte Ziele

Mir war klar, wenn man die Stadt voranbringen und auch Wohltaten verteilen will, muss man über die entsprechenden Einnahmen verfügen. Diese waren 2001 noch sehr gering. Das bedeutete für mich, die Wirtschaft zu fördern und vorhandene Firmen zu stärken. Damit stieß ich

bei der Verwaltung nicht unbedingt auf Gegenliebe, war man doch der Meinung, dass dies nicht die Aufgabe des Rathauses sei und außerdem alles durch den Markt geregelt werden sollte. Ich ließ mich nicht beirren, machte die Wirtschaftsförderung zur Chefsache.
Großen Erfolg erzielten wir dabei durch den direkten Kontakt zu den Betrieben, die Kenntnis von Wünschen und Nöten, die Vermittlung in kritischen Situationen, und den Ausbau der innerstädtischen Infrastruktur. Die Einnahmen konnten während meiner Amtszeit enorm gesteigert und die Verschuldung pro Einwohner gegen Null gefahren werden.

Erfolg und Enttäuschung

Mein wohl größter Erfolg war die Sanierung von Schloss Freudenstein. Es ist mit der terra mineralia, eine der weltweit größten Mineraliensammlungen, und dem Bergarchiv ein enormer Besuchermagnet. Aber nicht nur das, die Sanierung war ein Impuls für das gesamte Quartier. Es ist heute als Wohn- und Geschäftsort sehr begehrt. Auf kaum einem Bild von Freiberg fehlt Schloss Freudenstein.

Damit verbunden ist auch die größte Enttäuschung. Auch wenn ich den Mut zur Sanierung aufbrachte und die Verantwortung für das 36 Mio. € Objekt trug, taucht mein Name immer weniger in diesem Zusammenhang auf. Es bewahrheitete sich wieder einmal: Der Erfolg hat viele Väter!

Lernerfahrungen

Es ist nicht nur wichtig, von einer Sache überzeugt zu sein, man muss sie auch rhetorisch gut und allgemeinverständlich vermitteln. Das ist für Naturwissenschaftler, die sich in ihrer Fachsprache bewegen, nicht immer einfach, insbesondere in Zeiten des Populismus. Es war ein bisschen wie eine neue Sprache lernen. Man braucht als Politiker ein gutes Netzwerk und muss lernen, sich Mehrheiten zu organisieren. Als Nichtjuristin war für mich die ehrliche Beratung in juristischen Fragen sehr wichtig.

Vorteile von Naturwissenschaftlern in Politik und/oder Verwaltung
Durch Studium, Forschungsarbeit und Promotion war ich straffe, zielorientierte Arbeit gewöhnt. Ich musste komplizierte Sachverhalte verstehen und dabei auch manchmal in kurzer Zeit ein großes Arbeitspensum bewältigen. Vor dieser Situation stand ich dann als Oberbürgermeisterin häufig.
Außerdem hatte ich durch die wissenschaftliche Tätigkeit gelernt, genau hinzusehen und komplexe Zusammenhänge zu erkennen. Und dann ist da noch die Geduld und Beharrlichkeit. So wie nicht jedes wissenschaftliche Experiment beim ersten Versuch erfolgreich ist, so benötigen zwischenmenschliche Experimente manchmal mehrere Anläufe, und manchmal ist deren Ausgang anders als geplant – aber dennoch hoch interessant.

Ich hatte keine Probleme, Sachverhalte im Zusammenhang zu sehen und abzuarbeiten. Mir ist es während meiner Amtszeit oft begegnet, dass Probleme zu kurzsichtig angegangen wurden, was sich natürlich im weiteren Verlauf als nachteilig herausstellte. Weiterhin ist das Zerlegen und stückweise Lösen von komplexen Problemstellungen hilfreich. Man kann sich das wie eine Gleichung vorstellen, welche einen beim ersten Anblick einschüchtert. Doch dann beginnt man, sich Term für Term systematisch vorzunehmen, man erkennt was wichtig ist und was nicht und arbeitet sich beharrlich zur Lösung vor.

Nachteil war, dass Naturwissenschaftler der Wahrheit verpflichtet sind, sich auf dem Boden von Tatsachen bewegen und nach Fakten und Gesetzmäßigkeiten entscheiden. Es wird nüchtern und pragmatisch vorgegangen. Das ist in der Politik nicht so, Gesetzmäßigkeiten sind schwerer auszumachen, das „Vage" spielt eine Rolle, nicht zuletzt die nicht-sachlichen, manchmal nicht-wahrheitsgemäßen Emotionen der Menschen.

Dank an die ehem. Technische Hochschule Ilmenau
Die TU Ilmenau war zu meiner Assistentenzeit in den 70/80iger Jahren noch eine sehr junge, dynamische Hochschule, die nicht einer großen

Tradition verpflichtet war wie manch alte, renommierte Universität. So war es möglich, auch einmal unkonventionelle Gedankenansätze zu äußern, die sich später als durchaus richtig erwiesen haben, und ich bedanke mich bei all denen, die mich damals in diesem Sinne gefördert und gefordert haben.

Man konnte auch im Gespräch über den Tellerrand der DDR hinausschauen und Kollegen gegenüber Gedanken äußern, die außerhalb der vorgeschriebenen Richtlinien lagen. Daran denke ich noch sehr gerne zurück.

Ein fachlich breit angelegter Einsatz in Forschung und Lehre hat mir sehr viel gegeben und geholfen, gut mit den späteren Wechselfällen des Lebens klar zu kommen.
Danke dafür!

Manfred Ruge

geboren am: 7. Oktober 1945 in Erfurt
verheiratet, drei Kinder

Ausbildung:

1970	Diplomingenieur für Theoretische Elektrotechnik, Technische Hochschule Ilmenau.

berufliche Laufbahn:

1970 bis 1987	VEB Optima Büromaschinenwerk Erfurt.
1987	technischer Leiter beim VEB Erfurter Ölmühle
1990 bis 2006	Oberbürgermeister von Erfurt
2006 bis 2012	Chef von fünf Gesellschaften der Stadtwerke Erfurt, unter anderem Geschäftsführer der TFB Thüringer Freizeit und Bäder GmbH.

Ehrenämter:
Mitglied im Präsidium des Deutschen Städtetags
Vizepräsident des Weltbundes der Partnerstädte
Ehrenbürger Erfurts

Motivation für den Gang in Politik und Verwaltung
siehe Kapitel 1

Erreichte Ziele
siehe Kapitel 2

Erfahrungen zum Austausch Wissenschaft/Politik
Es wäre wichtig, gegenseitiges Verständnis zu wecken. Wissenschaft ist relativ einfach - es ist entweder richtig oder falsch. Politik ist, das Machbare zu machen. Und in der Politik muss man Mehrheiten bekommen und die Bedenkenträger einzubinden. Manchmal ist eine harte Kante gegenüber denen notwendig, die es anders sehen.

Ich war sehr gut mit dem früheren Stuttgarter Oberbürgermeister Manfred Rommel bekannt, der hat mir sehr geholfen. Er sagte immer: „Wenn Du etwas machen willst, setz dich in ein Zimmer, nehme drei oder vier Vertraute mit und diskutiert. Wenn die drei oder vier davon überzeugt sind, dann geht ihr alle raus und jeder überzeugt 20, 30 andere. Und alle versuchen, sich so zu verhalten, dass die neu Geworbenen meinen, sie selbst hätten die Idee gehabt. Gebt denen das Gefühl, dass sie diejenigen waren, die die Ideen hatten." So konnten aus Ideen Wirklichkeit werden.

Möglichkeit eines Transfers in Politik oder Verwaltung

Die Uni kann absolut helfen, den Transfer zu erleichtern. Sie sollte dazu befähigen, auch in die Politik zu gehen. Das muss keine Lehrveranstaltung sein. Das kann in verschiedenen Formaten und Zirkeln passieren. Für uns war es damals sehr erfrischend, wie viele von uns beispielsweise als Landräte in die Politik gegangen sind.

Was mir gefehlt hat, war die freie Rede vor vielen Leuten, das waren wir nicht gewohnt. Etwas vorlesen ist nicht mein Ding. Das war am Anfang schwierig, aber das lernt man. Dennoch: Viele erwarten es von der ersten Sekunde an.

Prof. Dr.-Ing. Dagmar Schipanski

Geb. am 03.09.1943 in Sättelstädt (Thüringen), evangelisch, verheiratet, drei Kinder

Beruflicher Werdegang:

1962 – 1967	Studium der Angewandten Physik an der TU „Otto von Guericke“, Magdeburg
1967 – 1990	Assistentin und Oberassistentin an der TH Ilmenau
1976	Promotion auf dem Gebiet der Festkörperelektronik an der TH Ilmenau
1985	Habilitation
1990	C4-Professorin für Festkörperelektronik
1990 – 1993	Dekanin der Fakultät für Elektrotechnik und Informationstechnik der TH Ilmenau
1994	Prorektorin für Bildung
1995 – 1996	Rektorin der TU Ilmenau
1996 – 1998	Vorsitzende des Wissenschaftsrates der BRD
1999	Kandidatin von CDU und CSU für das Amt des Bundespräsidenten
1999 - 2004	Thüringer Ministerin für Wissenschaft, Forschung und Kunst
1999 – 2000	Vorsitzende des Ausschusses für Kulturfragen im Bundesrat
2000 – 2006	Mitglied des Präsidiums der CDU Deutschland
2002	Präsidentin der Kultusministerkonferenz
2004 – 2009	Präsidentin des Thüringer Landtages
seit 2006	Mitglied des Bundesvorstandes der CDU
2010 – 2013	Rektorin des Studienkollegs zu Berlin

Gesellschaftliches Engagement und Mitgliedschaften:

1992 - 1998	Mitglied des Wissenschaftsrates der BRD
1995 - 1998	Mitglied des Rates für Forschung, Technologie und Innovation beim Bundeskanzler Helmut Kohl

1995 – 2002	Senatorin der Fraunhofer-Gesellschaft
seit 1998	Mitglied der Berlin-Brandenburgischen Akademie der Wissenschaften, Berlin
seit 1998	Mitglied der Deutschen Akademie der Naturforscher LEOPOLDINA, Halle
seit 2000	Mitglied der Deutschen Akademie der Technikwissenschaften – acatech, Berlin
1998 – 2009	Mitglied des Verwaltungsrates des mdr Leipzig
1998 – 2003	Mitglied der UNESCO-Weltkommission für Ethik in Wissenschaft und Technologie
1999 – 2011	Senatorin der Max-Planck-Gesellschaft
1999 – 2013	Senatorin der Deutschen Nationalstiftung
1999 – 2010	Präsidentin der Deutschen Krebshilfe
seit 2010	Ehrenpräsidentin der Deutschen Krebshilfe
2001 – 2007	Mitglied des Internationalen Beirates der Universität der Vereinten Nationen, Tokio
2001 – 2004	Vorsitzende des Kuratoriums „Europäische Stiftung für den Aachener Dom“
2001 – 2019	Stellvertretende Vorsitzende des Kuratoriums Gemeinnützige Hertie-Stiftung, Frankfurt (Main)
seit 2003	Vorsitzende des Vorstandes der Lennart-Bernadotte-Stiftung, Insel Mainau
2003 – 2016	Mitglied des Kuratoriums der Tagung der Nobelpreisträger, Lindau
seit 2005	Vorsitzende des Kuratoriums des Fraunhofer-Instituts für Digitale Medientechnologie
seit 2008	Vorsitzende der Universitätsgesellschaft TU Ilmenau
seit 2007	Mitglied im Kuratorium der Internationalen Martin-Luther-Stiftung/Augustinerkloster Erfurt
seit 2015	Mitglied im Beirat des Roman-Herzog- Instituts München

Auszeichnungen:

1996	Bundesverdienstkreuz 1. Klasse
1999	Arthur-Burkhardt-Preis
1999	Frau des Jahres
2000	Preis Frauen Europas – Deutschland
2002	Courage-Preis
2004	doctor honoris causa der Slowakischen Technischen Universität
2010	Soroptimist International Deutschland Förderpreis
2012	Olaf-Henkel-Preis für Wissenschaftspolitik (Leibniz-Gemeinschaft)

Motivation für den Gang in Politik und Verwaltung

Nach der friedlichen Revolution 1989 galt es, das alte System der SED abzulösen und neue demokratische Strukturen zu schaffen. Ich wollte diese Veränderung unterstützen und mir war bewusst, dass diese Veränderung nicht durch Staatserlass allein zu erreichen war, sondern von den Menschen gestaltet werden musste.

Ich arbeitete zu dieser Zeit als wissenschaftliche Assistentin an der TH Ilmenau und wollte als ersten Schritt zusammen mit Mitarbeitern, Studenten und Professoren die akademische Selbstverwaltung neu aufbauen. Es ging um eine akademische Selbstverwaltung ohne Einflussnahme von Partei und staatlichen Organen.

Das konnte nicht mit Hochschullehrern erfolgen, die ihre Karriere der Partei oder der Mitarbeit beim Staatssicherheitsdienst verdankten. Deshalb war eine umfassende Evaluierung zur persönlichen und fachlichen Eignung des gesamten Lehrpersonals eine Voraussetzung für den Neustart. Diese Evolution aus fachlicher Sicht unter Beachtung politisch persönlicher Haltung war eine schwierige und emotional bewegende in der Anfangsphase.

Zugleich standen wir vor der Aufgabe, die Verwaltungs-Forschungs- und Lehrstrukturen so zu verändern, dass wir im vereinten Deutschland zukunfts- und wettbewerbsfähig wurden.

Ich wollte für meine Universität die Voraussetzungen schaffen, dass wir einen angemessenen Platz in der Universitätslandschaft erreichen. So habe ich mich für die Neugestaltung der TU eingesetzt und die Fakultätsbildung, Studienplangestaltung und Forschungsinfrastruktur vorangetrieben. Diese Erfahrungen konnte ich ab 1992 in die Arbeit des Wissenschaftsrates der Bundesrepublik Deutschland einbringen, der zu dieser Zeit die Empfehlungen zum Aufbau der Universitäten, Fachhochschulen und außeruniversitären Institute der neuen Länder erarbeitete. Der Wissenschaftsrat war mein Startpunkt in die Politik.

Zusammenfassend kann ich sagen: Ich wollte auf keinen Fall eine Neubelebung der DDR, sondern eine vollständige Ablösung des alten Systems durch Schaffung demokratischer Strukturen. Das war meine Motivation zum Wechsel in die Politik.

Erreichte Ziele

Als Mitglied und Vorsitzende des Wissenschaftsrates war ein wichtiges Ziel, die Wissenschaftslandschaft der ehemaligen DDR so umzugestalten, dass sie im nationalen Maßstab der westdeutschen ebenbürtig ist und sich im internationalen Maßstab behaupten kann. Ich bin stolz darauf, dass wir gute Grundpfeiler für eine bemerkenswerte Entwicklung der ostdeutschen Hochschulen und Forschungsinstitute gelegt haben. Heute zählt die Technische Universität Dresden zu den 10 Exzellenzuniversitäten der Bundesrepublik, ebenso in der Berliner University Alliance die Charité und die Humboldt-Universität.

Weiterhin lag mir als Vorsitzende des Wissenschaftsrates daran, die Chancen für Frauen in Forschung und Lehre zu verbessern. Unter meiner Leitung wurden die Empfehlungen zur Chancengleichheit für Frauen erarbeitet, die Ausgangspunkt für einen Prozess der Erhöhung des Professorinnenanteils, des Anteils von Promovendinnen und wissenschaftlichen Mitarbeiterinnen waren. Die Thematik wurde fest in der scientific community verankert.

Als Wissenschaftsministerin war mein besonderes Ziel die Etablierung und Stabilisierung der außeruniversitären Forschungseinrichtungen in Thüringen, da es in DDR-Zeiten nur zwei Akademieinstitute in Thüringen gab. Schwerpunkt war der Beutenberg-Campus in Jena. Unter dem Motto „Life Science meets Physics" wurden aufgebaut:

Drei Leibniz-Institute: Leibniz-Institut für Naturstoff-Forschung und Infektionsbiologie (Hans-Knöll-Institut); Leibniz-Institut für Alternsforschung (Fritz-Lippmann-Institut); Leibniz-Institut für Photonische Technologien

Drei Max-Planck-Institute: Max-Planck-Institut für Biogeochemie; Max-Planck-Institut für Menschheitsgeschichte; Max-Planck-Institut für chemische Ökologie

Zwei Fraunhofer-Institute: Fraunhofer-Institut für Angewandte Optik und Photonics; Zentrum für Molekularbiologie
Ich habe die Aufbauphase aktiv begleitet und ebenso das BioInstrumente-Zentrum als Technologie- und Gründerzentrum eröffnet. Der Beutenberg-Campus ist heute eine der modernsten Forschungszentren Deutschlands.

Erfolg und Enttäuschung
Als ich 1999 für das Amt der Bundespräsidentin kandidierte, wusste ich, dass ich die Wahl gegen Johannes Rau nicht gewinnen werde. Mir war jedoch wichtig, die Öffentlichkeit für die Ost-West-Problematik zu sensibilisieren. Ich wollte nicht nur über Probleme reden, sondern unsere Annäherung im Denken und Fühlen befördern.

Ich stellte in meinen Debatten Ost und West nicht die Unterschiede in den Vordergrund, sondern die Gemeinsamkeiten. Ich habe versucht, unsere unterschiedlichen Erfahrungen als Hintergrund für andere Bewertungen von aktuellen Situationen zu erklären. Dieses Thema ist heute nach wie vor von enormer Wichtigkeit, wenn ich an Pegida, Radikalismus oder Ausländerfeindlichkeit denke.

Was war mein Erfolg?
Ich habe von der Bevölkerung 1999 eine enorme Anerkennung bekommen. Bis heute, 20 Jahre danach werde ich in der Öffentlichkeit mit Respekt im Hinblick auf diese Kandidatur angesprochen. Und im Übrigen bin ich dann in 2000 in das CDU-Präsidium, sozusagen aus dem „Nichts", gewählt worden.

Meine größte Enttäuschung ist, dass die öffentliche Auseinandersetzung mit der DDR sich zu sehr auf die Stasi konzentriert hat und die Rolle der Partei, die Wirkmechanismen des SED-Regimes zu wenig Beachtung gefunden haben. Die geistige Auseinandersetzung wurde in den Medien nicht geführt, da viele westdeutsche Journalisten mit dem Sozialismus liebäugelten und viele Journalisten aus der DDR den alten Klassenstandpunkt vertraten.

Die wirtschaftliche Situation der DDR, im Schürer-Bericht eindeutig dargelegt, ist weiten Kreisen der Bevölkerung bis heute nicht bekannt. Es wurde eine enorme Aufbauleistung in der Müllentsorgung, der Verkehrsinfrastruktur, dem Städtebau, Denkmalpflege, Schulen, Hochschulen, Krankenhäusern, Sporteinrichtungen, Industriegebieten erbracht, die als selbstverständlich hingenommen wurde. Da aber das Leben der meisten von Arbeitslosigkeit betroffen war, hat diese Verunsicherung alte Probleme überlagert. Die Bevölkerung ist zu wenig mit den Grundsätzen der Demokratie vertraut, so haben radikale Parteien großen Einfluss. Denken wir nur an das Wahlverhalten im Osten. Diese Entwicklung bedauere ich sehr.

Vorteile von Naturwissenschaftlern in Politik und/oder Verwaltung
Das analytische Denken, Sammeln von Fakten, Aufbereitung von Daten und logischen Schlussfolgerungen sind die Fähigkeiten, die man in naturwissenschaftlichen und technischen Studiengängen täglich trainiert und praktiziert. Diese Herangehensweise an Probleme war ein großer Vorteil bei der politischen Entscheidungsfindung. In der Politik werden häufig Entscheidungen aus der Situation heraus getroffen, das habe ich

konsequent vermieden. Die gründliche Analyse ist aufwendiger, dauert länger, ist aber häufig nachhaltiger. Unter Zeitdruck leidet die Qualität der Problemlösung.

Für mich als Techniker war es zugleich befremdend, wenn sich Menschen ohne Begründung den rationalen Entscheidungen entzogen und nur emotional argumentierten. Sie waren mit Zahlen und Fakten nicht zu überzeugen und protestierten einfach, waren dagegen ohne Begründung. Dieses Verhalten erschwerte die Durchführung vieler Entscheidungen, beispielsweise bei der Schließung alter Einrichtungen oder der Zusammenlegung von Instituten.

Nachteilig ist die schwierige Kommunikationsfähigkeit zwischen Juristen und Technikern und die unterschiedliche Herangehensweise bei der Lösung von Problemen. Der Jurist sieht im Allgemeinen zuerst, was nicht geht, welche Vorschriften das Vorhaben behindern. Der Ingenieur sucht eine konstruktive, pragmatische Lösung, auch wenn viele Hindernisse und juristische Bedenken bestehen.

Es war oft nicht einfach, eine pragmatische Herangehensweise im juristischen Denken zu bewirken.

Lernerfahrungen
Meine wichtigste Lernerfahrung war der Umgang mit der Presse. Jede Frage, die mir gestellt wurde, spiegelte die Sicht des Journalisten wider. Ich war dann automatisch in der Verteidigungshaltung und musste erklären, was ich anders dachte und beabsichtigte.

Ich würde mir wünschen, dass ich erst ein Statement zu meinen Lösungsvorschlägen und deren Begründung halten könnte und dann auf Fragen antworten.

Auch bei der heutigen Berichterstattung kommt der Inhalt der Botschaft zu kurz, die Kritik an der Lösung ist größer als der Inhalt. Wie soll sich der Zuschauer/Zuhörer eine Meinung bilden, wenn ihm Fakten vorenthalten und hauptsächlich Meinungen artikuliert werden?

Das Wichtigste im Leben eines Politikers ist die Verbindung zu seinem Wähler. Hier hört er, was die Bevölkerung denkt, wie sie reagiert und wie sie urteilt. Das muss während der gesamten Wahlperiode passieren und nicht nur während der Wahlkampagne. Der Politiker selbst muss seine Ziele klar kommunizieren im Gespräch mit dem Wähler.
Das übliche Kommunizieren über Pressemitteilungen führt dazu, dass die eigene Darstellung in Artikeln mit der Meinung des Berichterstattenden vermischt wird und somit klare Botschaften verfälscht werden können.

Als Ministerin war ich auf eine gut funktionierende Verwaltung angewiesen. In diesem Zusammenhang ist es wichtig, dass Politik- und Verwaltungsentscheidungen der Bevölkerung in einer verständlichen Sprache kommuniziert und erklärt werden. Das alleinige Zitieren von Paragrafen im Juristendeutsch macht die Entscheidung nicht deutlicher. Der Beamte muss auf den Einzelfall eingehen und das Gespräch suchen. Als Beamter dient man dem Volk und übt nicht Macht aus, diese Prämisse muss stärker verinnerlicht werden, um die Entfremdung von Politik und Bevölkerung zu überwinden.

Austausch zwischen Wissenschaft und Verwaltung
Um den Austausch zwischen Politik und Wissenschaft zu erleichtern, sollte es Karrierewege mit Rückkehrgarantie geben. Beamte können zeitweise beurlaubt werden, um beispielsweise als Abgeordneter im Parlament zu arbeiten. Für befristet angestellte Mitarbeiter im Wissenschaftssystem gibt es diese Möglichkeit nicht. Hier würde eine Unterbrechung durch eine politische Tätigkeit den Karriereweg in der Wissenschaft beenden. Man braucht aber eine Möglichkeit zur Rückkehr in ein sicheres Arbeitsverhältnis. Hier sind die rechtlichen Rahmenbedingungen neu zu schaffen. Der vollständige Übergang aus der Wissenschaft in die Politik wird durch die hierarchischen Parteistrukturen erschwert, in denen

Außenseiter nicht willkommen sind. Ich bin der Auffassung, dass in der Politik mehr Wissenschaftler, Techniker aus der Industrie, auch Ärzte, Informatiker oder andere Berufsgruppen vertreten sein sollten, um mit ihrem Sachverstand die unmittelbare Entscheidungsfindung bei Gesetzen und Programmen zu beeinflussen.

Möglichkeit eines Transfers in Politik oder Verwaltung
Mein Wechsel in die Politik ist eng verbunden mit der Wiedervereinigung Deutschlands und der einmaligen Herausforderung, die Demokratie zu gestalten. Doch bin ich der Auffassung, dass Wissenschaftler, Techniker, Ärzte und viele andere Berufsgruppen sich in der Politik engagieren sollten. Das kann auf kommunaler, Landes- oder Bundesebene erfolgen, sei es als Abgeordnete oder als Verwaltungsbeamte.

Diese Möglichkeit sollte an jeder Universität und Fachhochschule diskutiert werden. Es bedarf dazu keiner speziellen Ausbildung. Man könnte im Studium generale, in dem allgemeine gesellschaftliche Zusammenhänge vermittelt werden, auf diese Möglichkeit hinweisen. Dabei ist mir wichtig, dass jedem Studenten das Wesen unserer Demokratie und unsere europäischen Werte vermittelt werden, dass ihnen unser Grundgesetz Orientierung ist. Jedem Studenten sollte gelehrt werden, dass Demokratie Mitwirkung und Mitverantwortung jedes Einzelnen bedeutet.

Der Einzelne muss selbst entscheiden, wie und wo er sich einsetzt. Wichtig ist, dass er die vielfältigen Optionen kennt und bedenkt. Die Kenntnis der Wirkprinzipien der Sozialen Marktwirtschaft, des Rechtsstaates und der demokratischen Selbstverwaltung sind Voraussetzung für eine aktive gesellschaftliche Mitwirkung.

Dank an die ehem. Technische Hochschule Ilmenau
Ich habe an der TU Ilmenau meine Dr.-Arbeit geschrieben, ebenso die Habil-Arbeit. Hier habe ich mir die analytischen Fähigkeiten, das zielorientierte Denken, das Erklären von komplizierten Zusammenhängen und Teamarbeit antrainiert. Für diese Möglichkeiten bin ich der TU Ilmenau dankbar.

Dipl.-Ing. Tigran Schipanski

Persönliche Daten

11.07.1943 in Leslau/Polen geboren, verheiratet, drei Kinder

Ausbildung und beruflicher Werdegang

1962	Abitur, Goethe-Gymnasium Ilmenau
1964	Facharbeiter für Elektromaschinenbau, PGH
1970	Dipl.-Ing. für Elektromaschinenbau TH Ilmenau
1970 – 1990	VEB Kombinat Technisches Glas Ilmenau EDV-Organisator/Programmierer Ltd. PVI Ingenieur Abt.-Ltr. Planung/Ökonomie, Bereich Technik
06/1990	Leiter Dezernat Wirtschaft und Bau, Landratsamt Ilmenau
11/1990	1. Beigeordneter des Landkreises Ilmenau
09/1991 – 09/2006	Beamter auf Zeit als 1. Beigeordneter und Dezernent für Wirtschaft Bau und Soziales des Landkreises Ilmenau/Ilm-Kreis (Arnstadt-Ilmenau)

Mitgliedschaften

1994 – 2006	Mitglied des Landesfachausschusses Wirtschaft, Technologie und Arbeit der CDU Thüringen
1994 – 2006	Mitglied des Landesbeirates der Gesellschaft Arbeits- und Wirtschaftsförderung des Freistaates Thüringen (GFAW)
1995 – 2005	Mitglied des Regionalbeirates für Arbeitsmarktpolitik für die Region Mittelthüringen
2000 – 2006	Mitglied des Arbeitskreises Votierung von Projekten der GFAW
1992 – 2007	Mitglied des Vorstandes des Förder- und Freundeskreises der TU Ilmenau e.V.

1999 – 2019	Bailli der Bailliage Thüringen der Confrèrie de la Chaîne des Rôtisseurs, Paris – Bailliage d'Allemagne
2003 – 2018	Vorstandsmitglied (Schatzmeister) der Sankt Jakobusstiftung Ilmenau
seit 1992	Mitglied Rotary-Club Ilmenau des Distrikt 1950 (2005 – 2006 Präsident, 2013 Paul-Harris-Fellow Medaille)
2007 – 2019	Vorsitzender des Vereins der Freunde Rotary Ilmenau e.V.

Erreichte Ziele

Mein erstes Ziel war die Neugestaltung demokratischer Selbstverwaltungsstrukturen und deren personelle Besetzung im Landratsamt Ilmenau.

Das zweite große Ziel war die Stabilisierung der Wirtschaft im Landkreis. Ilmenau hatte zu DDR-Zeiten 3 Großbetriebe mit rund 10.000 Arbeitsplätzen. Da Osteuropa als Handelspartner wegfiel und der Binnenmarkt durch Westdeutschland beherrscht war, versagten die Prinzipien der Sozialen Marktwirtschaft. Es begann ein Arbeitskräfteabbau durch Investoren der Treuhand, der die gesellschaftliche Situation erschütterte. Wir erkannten frühzeitig, dass wahrscheinlich nur Kernbereiche mit Forschungs- und Entwicklungspotential überleben könnten. Wir mussten neue Arbeitsplätze schaffen. Hier war die TU Ilmenau der Rettungsanker. Sie stellte Räume für Existenzgründer bereit und unterstützte mit Know How und Geräten, das wurde von Rektor Prof. Köhler zusammen mit dem Landkreis und der Stadt intensiv vorangetrieben.

Es wurde ein Technologie- und Gründerzentrum mit Hilfe aus Rheinland-Pfalz installiert, in dem sich viele Mitarbeiter der TU Ilmenau selbständig machten. Wir konnten rund 100 Ausgründungen begleiten, die heute den Kern der Wirtschaftsregion Ilmenau bilden und viele Arbeitsplätze geschaffen haben. Um das Wirtschaftswachstum zu ermöglichen, war die Kommunikations- und Verkehrsinfrastruktur zu erneuern. 1990 musste man zum Telefonieren auf den Hausberg Kickelhahn fahren, für die heutige „Handygeneration" unvorstellbar. In kürzester Zeit wurde ein neues Telefonnetz installiert, ebenso die Wärmeversorgung von Braunkohle auf Erdgas umgestellt. Man konnte den blauen Himmel wieder sehen und die Waldluft genießen.

Die Verkehrsinfrastruktur wurde den neu ausgewiesenen Gewerbegebieten angepasst. Das Verkehrsprojekt Deutsche Einheit Nr. 16, der Bau der Autobahn A71 Erfurt-Schweinfurt, brachte uns eine hervorragende Autobahnverbindung nach allen Richtungen. Wir haben die Vision in die Tat umgesetzt, unseren Landkreis zu einer Technologieregion zu entwickeln. Das Entwicklungskonzept wurde vom Landkries in Zusammenarbeit mit der Landesentwicklungsgesellschaft erarbeitet. Ein hochkarätiger wirtschaftlicher Beirat begleitete diese Konzeption. Dem Beirat gehörten Mitglieder aus der Landespolitik und Vertreter der deutschen Wirtschaft an (Vorstandsmitglieder von Brown Boveri, Balcke Dürr, Loewe Opta, Daimler Benz und der Schering AG). Heute ist die Region des Ilm-Kreises ein innovatives Zentrum mit klein- und mitteständischen Betrieben, einem Logistik- und Industriezentrum am Erfurter Kreuz, der TU Ilmenau als Innovationsmotor. Unsere Vision hat sich erfüllt.
Meine 3. Zielstellung war die Lösung für ungeklärte Eigentumsverhältnisse an Grund und Boden sowie Gebäuden, die mit Restitutionsansprüchen belegt waren.

Lernerfahrung

1. Zuhören
2. Vor jeder Entscheidung Chancen, Wirkung und Risiken abschätzen, dem gesunden Menschenverstand trauen
3. Niemals Dinge versprechen oder Zusagen geben, die man nicht einhalten kann. Glaubwürdigkeit bewahren!

Vorteile der Wissenschaftler in der Politik

Analytisches Denken, geistige Beweglichkeit, Beharrlichkeit, Neugier, um Neues zu gestalten, Verantwortung übernehmen, Teamfähigkeit.

Für mich war von Vorteil, dass ich Gesetzesvollzug und Verwaltungshandeln nicht als starres Regelwerk angesehen habe, sondern als Rahmenrichtlinie, die mir Interpretationsmöglichkeiten in eigener Verantwortung gestattet. Jeder Fall, jedes Problem ist anders und bedarf einer eigenen Betrachtungsweise.

Austausch zwischen Wissenschaft und Verwaltung
Das politische Handeln muss sachorientierter erfolgen. Wenn man nur im juristischen Sinne abwägt, werden die Entscheidungen hinausgezögert und selten einer eindeutigen, erfolgversprechenden Lösung zugeführt. Wer nur juristische Grenzen beleuchtet, wird nie eine erfolgversprechende Antwort finden. Durch Naturwissenschaftler kommt Freigeist und problemorientiertes Lösen in die Politik. Deshalb wünsche ich mir eine stärkere Einbeziehung von Naturwissenschaftlern und Technikern in die Politik, auch um Visionen zu entwickeln und nicht nur in Legislaturperioden zu denken.

Mein Wechsel in die Politik war den besonderen Zeitläufen nach der Wiedervereinigung geschuldet. Um Techniker und Naturwissenschaftler für die politische Tätigkeit zu motivieren, sollte man im Studium Generale die Studenten über politische Mitwirkungsmöglichkeiten informieren. Man könnte hier auch über das positive Wirken von Naturwissenschaftlern und Technikern beim Neuaufbau Ostdeutschlands berichten. Wir waren keine „Laienspieler", wie manche Journalisten abfällig urteilten, wir waren eine Bereicherung für die Politik durch unsere Ausbildung und unsere Berufserfahrung. Viele Prozesse, gerade auch im Verwaltungshandeln, könnten von Naturwissenschaftlern neu überdacht, neu hinterlegt, vereinfacht werden.

Dank an die ehem. Technische Hochschule Ilmenau
Einer Institution möchte ich nicht danken, zumal sie sozialistisch und parteilich ausgerichtet und geprägt war. Den Professoren und Assistenten, die wir das Wissen und Fähigkeiten vermittelt haben, die mich befähigten an verantwortungsvoller Stelle zu arbeiten, möchte ich Dank sagen. Das Verhältnis zu den meisten Lehrenden war freundschaftlich und respektvoll.

Prof. Dr. Christoph Schnittler

08. April 1936	Geburt in Stützerbach/Thüringer Wald, heute in die Stadt Ilmenau eingemeindet
1954 – 60	Studium der Physik an der FSU Jena
1960 – 65	Wiss. Assistent am Institut für Physik der TH Ilmenau
1965	Promotion mit einer Dissertation zur Theorie der einfachen Metallionen-Elektrode, Prädikat „summa cum laude“
1965 – 1969	Wiss. Habilaspirantur am Institut für Physik der TH Ilmenau.
1969	Habilitation
Sept. 1969	Berufung zum Dozenten für Theoretische Physik an der TH Ilmenau
1984 – 90	Leiter des Wissenschaftsbereichs Physik an der TH Ilmenau
1987	Berufung zum Außerordentlichen Professor für Theoretische Physik an der TH Ilmenau
Nov. 1990	Wahl zum ersten Dekan der neu gegründeten Fakultät für Mathematik und Naturwissenschaften an der TH Ilmenau
1992 – 94	Abgeordneter des Deutschen Bundestages
Mai 1993	Übernahme in die Professur neuen Rechts als Universitätsprofessor im Angestelltenverhältnis
März 1995	Rückkehr an die Technische Universität Ilmenau, Lehre und Forschung auf dem Gebiet der Halbleiterphysik
1995 – 99	Prodekan der Fakultät für Mathematik und Naturwissenschaften und Mitglied des Senats der TU Ilmenau
1996 – 2000	Mitglied des Präsidiums des Deutschen Hochschulverbandes
30. Sept. 2001	Übergang in den Ruhestand

Motivation für den Gang in Politik und Verwaltung
siehe Kapitel 1

Erreichte Ziele
siehe Kapitel 1

Erfolg und Enttäuschung
In der ehemaligen DDR haben sich unzählige Bürger unter schwierigsten materiellen Bedingungen ein Wochenendhaus oder eine Garage errichtet, ein eigenes Haus gebaut, ein altes Haus renoviert oder ein Gartengrundstück bewirtschaftet.

Dies konnte oftmals nicht, wie in der alten Bundesrepublik selbstverständlich, auf eigenem Grund und Boden geschehen, weil die politischen Bedingungen dies nicht zuließen. Ich sehe es als großen Erfolg an, dass ich mit der damaligen FDP-Justizministerin und anderen ostdeutschen Abgeordneten praktikable rechtliche Lösungen für diese schwierigen Eigentumsfragen finden konnte.

Meine größte politische Enttäuschung war, dass maßgebliche FDP-Politiker 1995 die FDP als „Partei der Besserverdienenden“ in den beginnenden Bundestagswahlkampf führten.

Das widersprach nicht nur meinen politischen Überzeugungen. Es fügte auch meiner Partei schweren Schaden zu, von dem sie sich bis heute nicht erholt hat; insbesondere in den neuen Bundesländern, in denen es diese Besserverdienenden gar nicht gab, wohl aber unzählige Menschen in die Arbeitslosigkeit gefallen sind.

Der Gang in die Politik oder Verwaltung als Vorteil?
Ja. Zum einen ist man als Physiker Generalist, so dass man sich rasch in unterschiedliche Probleme einarbeiten kann. Zum anderen ist man nicht durch ideologische Schablonen festgelegt und hat daher einen eher rationalen und praktikablen Blick auf die Dinge. Das ist förderlich für die Lösung strittiger Probleme.

Lernerfahrungen
Lernen musste man freilich viel, denn von der Geldkarte bis zum Funktionieren demokratischer Gremien war für uns alles neu. Meine wichtigsten Lernerfahrungen waren wohl diese:

- Die Demokratie ist zwar die beste aller Gesellschaftsordnungen, aber sie erfordert immer wieder Mühe und einen langen Atem.
- Die besten Argumente helfen wenig, wenn man es nicht versteht, mit ihrer Hilfe Mehrheiten zu organisieren.
- Das tiefere Verständnis für das Wesen einer kommunistischen Diktatur ist bei den Mitbürgern aus der alten Bundesrepublik, übrigens bis heute, recht begrenzt, und oftmals fehlt auch das Bemühen, sich in diese Problematik hinein zu denken.

Und ich will noch einen anderen Lernprozess hinzufügen, der bis heute anhält: Es ist außerordentlich schwierig, in einem eingefahrenen politischen System wie dem der alten Bundesrepublik – und das haben wir ja im Wesentlichen übernommen – notwendige Veränderungen vorzunehmen, oftmals auch nur offensichtliche Fehler zu korrigieren.

Vorteile von Naturwissenschaftlern in Politik und/oder Verwaltung
Ich meine, dass ich den Vorteil hatte, schneller auf das Wesentliche zu kommen, von Randproblemen abstrahieren und hinter wohlklingenden Grundsätzen verborgene Eigeninteressen erkennen zu können. Auch habe ich bei meiner Tätigkeit an der TH/TU Ilmenau gelernt, Meinungsverschiedenheiten auf der Grundlage gegenseitiger Achtung auszutragen, ohne sich persönlich zu verletzen. Dass ich in naturwissenschaftlichen und technischen Fragen manchen meiner Kollegen voraus war, war sicher vorteilhaft, aber einfach meiner beruflichen Entwicklung geschuldet.

Austausch zwischen Wissenschaft und Verwaltung

Naturwissenschaftler und Techniker sind weniger von Vorurteilen eingeengt und sind es gewohnt, auch politische Probleme rational und lösungsorientiert zu analysieren. Deshalb beachten sie immer auch die natürlichen und ökonomischen Randbedingungen, die bei den meisten politischen Problemen eine erhebliche Rolle spielen.

Das bringt freilich den Nachteil mit sich, dass sie es oft schwer haben, mit ihren Positionen durchzudringen. Denn die Mehrheit der Verantwortlichen in Politik und Verwaltung sind anders sozialisiert, haben ein anderes Denken und sehen die Dinge oft in erster Linie unter einem juristischen Blickwinkel.

Zunächst müssen Wissenschaftler selbst verstehen, dass sie eine Bringschuld haben und ihre Ergebnisse in verständlicher Sprache in die Öffentlichkeit tragen müssen.

Zum zweiten sehe ich die Medien in der Pflicht, in den vielen Talkshows aus dem politikfernen Bereich nicht nur vorrangig Schauspielern und Literaten einen Platz einzuräumen, sondern vermehrt Wissenschaftlern und Technikern ein Sprachrohr zu bieten.

Schließlich bedarf es einer klaren Arbeitsteilung zwischen Politik und Verwaltung: Die Politik muss die Grundlinien vorgeben, während sich die Verwaltung bei deren Umsetzung in bestem Sinne als Dienstleister für die Bürger verstehen muss. Auf diesem Wege kann auch das Ziel erreicht werden, über das alle seit Jahrzehnten reden, ohne dass bisher konkrete Schritte getan wurden: eine grundlegende und umfassende Entbürokratisierung unseres gesamten Lebens.

Möglichkeit eines Transfers in Politik oder Verwaltung

Ja, der Wechsel vieler Naturwissenschaftler und Techniker aus der ehemaligen DDR in Politik und Verwaltung war nach 1989 sicherlich den „besonderen Zeitläuften" geschuldet. Denn in der alten Bundesrepublik musste man sich da über lange Zeiträume hochdienen, zumeist in einer politischen Partei, und Außenseiter hatten in der Politik zumeist Schwierigkeiten. Dies zu verändern ist schwierig, aber nicht unmöglich. Deshalb sollte in Technischen Universitäten durchaus über Möglichkeiten eines Wechsels in Politik oder Verwaltung gesprochen werden.

Eine spezielle Ausbildung hierfür halte ich an diesen Einrichtungen allerdings nicht für geboten, schon wegen der oft zu großen Dominanz von Rechtsfragen in unserem politischen System. Wohl aber sollten spezielle rechtliche und politische Inhalte im Zusammenhang mit naturwissenschaftlichen und technischen Problemen in die Lehrpläne eingebaut werden.

Dank an die ehem. Technische Hochschule Ilmenau

Bedanken möchte ich mich bei meiner Alma Mater dafür, dass trotz der Allmacht des SED-Regimes fast immer die Regeln guten wissenschaftlichen Arbeitens eingehalten wurden und die wissenschaftliche Qualität von Lehre und Forschung in den technischen und naturwissenschaftlichen Disziplinen immer im Vordergrund stand.

Dr-Ing. Gerd Schuchardt

geboren am 11. März 1942 in Erfurt
verheiratet, zwei Kinder

berufliche Laufbahn:

1964 bis 1969	Studium der Theoretischen Elektrotechnik und Regelungstechnik an der Technischen Hochschule Ilmenau, danach Promotion an der TU Dresden.
1969 bis 1989	wissenschaftlicher Mitarbeiter im Carl-Zeiss-Forschungszentrum in Jena. Zahlreiche Publikationen zur Präzisionsmesstechnik.
1985	Nationalpreis für Wissenschaft und Technik II. Klasse für Arbeit auf dem Gebiet der Hochpräzisionstechnik.
1990	Eintritt in die Sozialdemokratische Partei in der DDR
1990	Landtagswahl: in den Thüringer Landtag gewählt und dort zum Fraktionsvorsitzenden der SPD
1994	stellvertretender Ministerpräsident Thüringens und Minister für Wissenschaft, Forschung und Kultur
1994 bis 1996	Landesvorsitzender der Thüringer SPD

Ehrenämter:
MDR-Verwaltungsrat
Ernst-Abbe-Stiftung
Kuratorium Deutsche Einheit

Auszeichnungen:

1985	Nationalpreis der DDR
2005	Thüringer Verdienstorden
2008	Ehrenbürger der Stadt Jena
2015	Ehrenbürger der Friedrich-Schiller-Universität Jena

Motivation für den Gang in Politik und Verwaltung
siehe Kapitel 1

Erreichte Ziele

- Zunächst die Rettung der Carl-Zeiss-Stiftung für Jena und damit eine wesentliche Grundlage für den Industrie- und Wissenschaftsstandort.
- Einen Beitrag zum Aufbau parlamentarisch-demokratischer Strukturen für das Land Thüringen (ich war der erste Oppositionsführer im Thüringischen Landtag).
- Rettung und Ausbau der Forschungspotentiale in und für Thüringen (TH), insbesondere auch die industrienahe Forschung. In meine Amtszeit fielen u.a. die Gründung des IMMS und der Berufsakademie.

Erfolg und Enttäuschung
Als Spitzenkandidat der SPD konnte ich 1994 mit 29,6 Prozent der Stimmen ein weder davor noch danach jemals wieder erreichtes Wahlergebnis erzielen und damit die SPD Thüringens in die Regierungsbeteiligung führen.

Es gelang mir nicht, die Partei auf diesem erfolgreichen Kurs zu halten und es setzten sich innerparteilich Kräfte um den aus dem Saarland nach Thüringen gekommenen Richard Dewes durch, die eine rot-rote Machtoption wollten. Ich habe vergeblich vor diesem Irrweg gewarnt, der in der heutigen Verzwergung der TH-SPD mündete.

Vorteile von Naturwissenschaftlern in Politik und/oder Verwaltung
Für mich einen Vor- oder Nachteil zum Weg in die Politik zu erklären, ist so kaum beantwortbar. Alternativ standen ja für mich viele Wege offen, als Hochschullehrer etwa oder auch als Manager in Industrie und/ oder Wissenschaft. Angebote gab es.

Lernerfahrungen
Es kommt bei komplexen Zusammenhängen und deren Vermittlung auf möglichst einfache Darstellung an. Trotzdem muss es im Kern richtig bleiben.
Die Haltung des forschenden Wissenschaftlers: „Problem gelöst - alles dazu gesagt - nächste Aufgabe" geht in der Politik nicht. Unermüdliche Wiederholung und damit Vermittlung seiner Politik ist Bestandteil der Aufgabe eines Politikers.

Da man in der Politik auch für Fehler anderer ggf. in die politische Verantwortung genommen werden kann, ist es wichtig, eine feine Sensorik zu entwickeln, wo man persönlich immer mal hinschauen sollte, ohne in den Fehler zu verfallen, alles bzw. zu vieles selbst machen zu wollen. Also: Aufgabenverteilung nach Kompetenz und Verantwortung zu lernen.

Der Gang in die Politik oder Verwaltung als Vorteil?
Die Vorteile waren logisches Denken und zielorientierte Arbeitsweise. Dabei die Fähigkeit, Wichtiges von weniger Wichtigem trennen zu können. Und ein Gefühl für die optimale zeitliche Reihenfolge eigener Aktivitäten.

Aber es gab auch einen Nachteil: Um als verantwortlicher Ingenieur die Entwicklung z.B. eines komplexen Gerätes erfolgreich abschließen zu können, muss man die ganze Kette einer solchen Entwicklung leiten und begleiten. (Weil: eine Kette ist nur soviel wert wie ihr eines schwächstes Glied!).

Eine solch detaillierte Arbeitsweise ist dann in der Politik kaum möglich angesichts der Flut von Problemen und der in aller Regel drängenden Zeit. Man wandelt dann zumindest anfangs auf einem schmalen Grat zwischen Steckenbleiben an einem Problem auf der einen und nur oberflächlichen Entscheidungen auf der anderen Seite.

Austausch zwischen Wissenschaft und Verwaltung
In Deutschland bekennt sich die verantwortliche Politik zur Hochschulbildung als öffentliches Gut in öffentlicher Verantwortung.

Das bedeutet einerseits, dass sich die Hochschulen und Universitäten nicht grundsätzlich außerhalb des Staatsgefüges, mithin der Zivilgesellschaft stellen können und das ja auch nicht wollen. Andererseits muss der Staat die Aufwendungen, die ja Investitionen in unsere Zukunft sind, gegenüber dieser Zivilgesellschaft rechtfertigen.

Es ist also eine gemeinsame Sprache jenseits jeglichem „ Fachchinesisch" zu finden, die Wissenschaft und Politik im Sinne dieser gemeinsamen Verantwortung verbinden. Dabei können die Hochschulräte als Bindeglied zwischen Hochschulen und der Gesamtgesellschaft hilfreich sein.

Möglichkeit eines Transfers in Politik oder Verwaltung
Ein Wechsel wie meiner war natürlich der besonderen Situation eines großen gesellschaftlichen Umbruches, wie es die friedliche Revolution 89/90 war, geschuldet. Wer, wenn nicht wir, sollten denn diese Aufbauarbeit leisten? Wer heute in die Politik drängt, kann an diversen Hochschulen Politikwissenschaften studieren, viele auch Jura oder kommen über eine Beamtenlaufbahn.

Eine diesbezügliche Ausbildung an der TU Ilmenau halte ich für wenig sinnvoll. Sogenannte Quereinsteiger mit TU-Hintergrund sollten sich erst in ihrem Beruf etabliert und dort etwas geleistet haben, um dann ggf. in die Politik zu gehen.

Dank an die ehem. Technische Hochschule Ilmenau
Für eine gute fachliche Ausbildung, die ein weiteres lebenslanges Dazulernen ermöglichte.

Jörg Schwäblein

geb. 15. Mai 1952 in Benshausen/Thür.
verheiratet, zwei Söhne

Ausbildung

Abitur, 1970 an der Friedrich-Schiller-Oberschule in Zella-Mehlis
Facharbeiter als Werkzeugmacher, 1970 im Meteor-Werk Zella-Mehlis
Diplom-Ingenieur für „Physik und Technik elektronischer Bauelemente", 1974 an der Technischen Hochschule Ilmenau

Beruf

1974 – 1990	Entwicklungsingenieur im Funkwerk Erfurt
1990 – 2009	Abgeordneter des Thüringer Landtags
1990 – 1995	Vorsitzender der CDU-Fraktion
1995 – 1999	Vorsitzender des Wissenschaftsausschusses
1999 – 2009	Sprecher für Wissenschaft, Kunst und Medien
2009 – 2015	Geschäftsführer der Lotterie-Treuhandgesellschaft Thüringen

Sonstiges

1992 – 1997	Mitglied des mdr-Rundfunkrates
1999 – 2009	Mitglied der Versammlung der Landesmedienanstalt
1993 – 2009	Mitglied des Kuratoriums der Technologiestiftung STIFT
1999 – 2014	Mitglied des Erfurter Stadtrates

Erreichte Ziele

Wichtigste Ziele: Aufbau demokratischer Strukturen in Thüringen, Umbau der Wirtschaft zu einem starken Mittelstand, Entwicklung leistungsfähiger Verkehrswege.

Ein großer Erfolg war beispielsweise das Verkehrsprojekt Deutsche Einheit 8.1 und 8.2 - also die ICE-Schnellstrecke zwischen Erfurt und

Nürnberg. Sie hätte eigentlich schon fünf Jahre früher fertig sein können. Wenn wir allerdings nicht die Widerspruchsebenen reduziert hätten, wäre sie möglicherweise heute noch nicht fertig.

Denn nachdem die CDU 1998 die Bundestagswahl verloren hat, haben die Grünen als erstes diese Strecke in Frage gestellt. Dann wurde aber festgestellt, dass da so viele Fördergelder der EU drin stecken, dass ein Baustopp oder gar generellet Stopp des Projektes nicht möglich wäre. Zudem war die ICE-Brücke am Erfurter Kreuz schon fertig. Wir haben die Autobahn A 71 und die ICE-Strecke in einem Planungsrahmen gemacht, was alles enorm beschleunigt hat.

Erfolg und Enttäuschung
Größter Erfolg: Erfurt wurde Landeshauptstadt, größte Enttäuschung: Abwahl vom Fraktionsvorsitz 1995.

Ein weiterer Erfolg war die neue Verfassung in Thüringen. Thüringen gab es seit dem 1. Mai 1920 schon mal, und das Land war schon damals ein Freistaat. Ab 1990 gab es Verfassungsentwürfe aus Rheinland-Pfalz, vom Politisch Beratenden Ausschuss sowie von den verschiedenen Parteien. Aus den verschiedenen Entwürfen der Fraktionen machten wir im Verfassungsausschuss einen gemeinsamen Entwurf.

Wir hatten uns eine sehr hohe Hürde gesetzt, denn wir wollen eine Zwei-Drittel-Mehrheit statt nur die einfache Mehrheit von 50 Prozent. Auch Änderungen sollten nur mit Zwei-Drittel-Mehrheit möglich sein. 1993 haben wir die Verfassung dann verabschiedet, mit Einbindung der Opposition und legitimiert durch einen Volksentscheid, bei dem die Verfassung über 70 Prozent Zustimmung bekommen hat. Die Thüringer haben eine sehr starke landsmannschaftliche Bindung, stärker als in Sachsen und Bayern. Das haben wir in Umfragen mehrfach abgefragt.

Wir haben aber auch einen Fehler gemacht, beim Thema Stasi-Belastung. Wir hatten im Abgeordnetengesetz den Satz stehen „Wer wissentlich bei der Stasi gearbeitet hat, verliert sein Mandat". Das hätte aber in der Verfassung stehen müssen, statt nur ein Gesetz zu sein. So war es möglich, dass zwischen 2014 und 2018 die Linke mit einer Stimme Mehrheit regieren konnte - und zwar mit einem Stasi-Spitzel in ihren Reihen.

Möglichkeit eines Transfers in Politik oder Verwaltung

Ich war dankbar, dass ich mitwirken konnte. Das ist ein kleiner innerer Stolz, aber den trägt man nicht nach außen. Politischen Dank bekommt man nicht ab. Das ist ein Denkfehler vieler Politiker. Es wird als selbstverständlich vorausgesetzt, dass man vernünftig arbeitet. Die Wiederwahl ist immer nur ein Versprechen auf die Zukunft.

Der private Preis ist sehr hoch. Dass meine Ehe noch hält, geht ausschließlich auf meine Frau zurück. Die Wähler erwarten, dass Politiker für sie da sind, wenn sie Zeit haben. Und das ist am Abend oder am Wochenende. Der Preis ist so hoch, dass ich 2009 freiwillig ausgeschieden bin.

Vorteile von Naturwissenschaftlern in Politik und/oder Verwaltung

Vorteil des Technikers: Ideologisch unbelastet, klares Urteilsvermögen, logisches Denken, Neugier auf Neues.
Ich habe als Naturwissenschaftler gelernt, vom Ende her zu denken. Welche Wege haben die größte Chance auf Erfolg?

Ich hatte eine sehr hohe Voraussagesicherheit, das hat mit meiner Ausbildung zu tun. Es geht darum, nicht nur den Wünschen einer scheinbaren Mehrheit zu folgen, sondern über den Tag hinaus zu denken. Ich habe so oft Recht bekommen, doch das hat meiner Glaubwürdigkeit bei den folgenden Entscheidungen nicht geholfen. Das hat mich zunehmend frustriert.

Gang in die Politik oder Verwaltung als Vorteil?
Vorteil: Naturwissenschaftler sind keine Juristen.
Nachteil: Naturwissenschaftler sind keine Juristen.

Lernerfahrungen
Viele Mitmenschen denken nicht so schnell.
Echte Freunde sind rar.
Dank wird mit unsichtbaren Buchstaben geschrieben.

Dank an die ehem. Technische Hochschule Ilmenau
Hält sich in engen Grenzen. Meine geistige Entwicklung wurde mehr von der Schule als von der Hochschule geprägt. Die ideologische Beeinflussung in Ilmenau war schwer zu ertragen.